TV홈쇼핑 산업의 이해

나남
nanam

나남신서 1956

TV홈쇼핑 산업의 이해

2018년 3월 25일 발행
2018년 3월 25일 1쇄

지은이   김성철 외
발행자   趙相浩
발행처   (주) 나남
주소   10881 경기도 파주시 회동길 193
전화   (031) 955-4601 (代)
FAX   (031) 955-4555
등록   제 1-71호 (1979.5.12)
홈페이지   http://www.nanam.net
전자우편   post@nanam.net

ISBN 978-89-300-8956-2
ISBN 978-89-300-8001-9(세트)

나남신서 1956

TV홈쇼핑 산업의 이해

김성철 · 남재현 · 박주연 · 안정민
전범수 · 정윤혁 · 최세정 지음

나남
nanam

책을 시작하며

과학기술정보통신부가 최근 발표한 "2017년 상반기 유료방송 가입자 수 조사·검증 및 시장점유율 산정 결과"에 따르면 케이블TV(SO), 위성방송, 인터넷멀티미디어방송(IPTV) 등 우리나라의 유료방송 가입자 수는 3,045만 7,368명이었다. 지상파방송의 직접수신율이 6% 정도에 머무는 상황에서 유료방송이 거의 모든 가구에 TV 프로그램을 제공할 정도로 양적으로 성장한 것이다. 사실 인터넷 기반의 OTT 서비스가 점차 확산되고 TV 없이 유튜브(YouTube) 등의 대안미디어를 통해 스낵미디어 콘텐츠를 소비하는 경향이 증가하는 추세이지만, 전통적 유료방송을 해지하는 '코드커팅' 현상은 아직 미풍에 그치고 있다.

유료방송의 양적인 성장에도 불구하고 가입자가 직접 지불하는 수신료가 다른 나라에 비해 상당히 낮은 수준이라는 것이 유료방송 시장의 중요한 문제 중 하나로 지적된다. 또한 유료방송 플랫폼 사업자와 지상파 방송사 등 콘텐츠 제공자 사이에 콘텐츠 제공 대가를 둘러싸고 벌어지는 갈등도 풀리지 않는 난제로 남아 있다. 인터넷이나 모바일 미디어가 광고 시장의 점유율을 높이면서 유료방송이 광고를 통해 수익을 달성하는 것도 쉽지 않다. 이러한 상황에서 유료방송 플랫폼 사업자의 수익 중에 수신료 다음으로 큰 비중을 차지하게 된 것이 TV홈쇼핑 송출수수료이다. 송출수수료는 TV홈쇼핑 채널 사업자가 홈쇼핑 방송을 송출하는 데에 지불하는 수수료로서, 매년 증가하여 2015년에는 1조 1,347억 원 정도의 규모로 유료방송 플랫폼 사업자 매출의 1/4가량을 차지하였다. 케이블TV 사업자의 경우에는 영업이익이 TV홈쇼핑 송출수수료보다 적은 상황이라 TV홈쇼핑 송출수수료를 제외하면 사실상 적자가 발생하는 수익 구조이다. 결국 TV홈쇼핑은 유료방송의 실질적인 수익 모델로서 상당한 기여를 하고 있는 셈이다.

TV홈쇼핑은 해외에서 시작되었지만 우리나라에서 소비생활의 중심이자 독자적인 비즈니스 모델로 자리 잡았다. 최근에는 해외시장에도 진출하여 수익을 창출하는 한편, 한국 중소기업의 해외 진출에서 유통 플랫폼의 역할을 하는 등 경제적 가치도 크다. 다만 방송의 특성과 유통의 특성이 결합된 독특한 정체성 때문에 〈방송법〉, 〈대규모유통업법〉, 〈전자상거래법〉, 〈표시광고법〉 등 다양한 규제가 적용되며 소비자 보호나 납품업체와의 상생 등의 이슈에서도 공격 대상이 되어 왔다.

TV홈쇼핑이 우리나라 미디어 생태계나 유료방송 산업에서 차지하는 위상이 확대되는 한편 그 공과를 두고 논란이 반복되자 TV홈쇼핑에 대한 수많은 질문이 제기되었다. 그러나 건강한 논쟁이 이루어지거나 체계적·과학적 답변이 제시된 경우는 거의 없었다. 특히 TV홈쇼핑의 지속가능한 혁신과 발전이 유료방송 및 유통 산업의 발전과 소비자 후생 증대를 위하여 꼭 필요함에도 불구하고, TV홈쇼핑과 관련된 주요 이슈를 여러 학문의 관점에서 진지하게 분석한 시도는 찾기 어려웠던 것이다. 이 책은 미디어, 경영, 경제, 법 등 다양한 학문 분야에 속한 일곱 명의 학자가 국내 TV홈쇼핑에 대해 1년 동안 함께 고민한 결과물로서 TV홈쇼핑을 위한 체계적인 이해를 도모하는 것을 그 목적으로 한다.

이 책은 총 일곱 가지 주제에 각각 대응하는 일곱 개의 장으로 구성된다. 제1장에서는 고려대 경제학과 남재현 교수가 TV홈쇼핑 산업의 구조를 설명하였다. 산업조직론 전문가답게 TV홈쇼핑 산업의 복잡한 구조와 관련 이슈를 깔끔하게 정리해 내었다. 제2장에서는 울산과학기술원 경영학부 정윤혁 교수가 소셜미디어에 나타난 TV홈쇼핑에 대한 인식을 실증적으로 분석하였다. 정윤혁 교수는 요즘 주목받는 소셜데이터 분석을 통해 TV홈쇼핑에 대한 소비자들의 생생한 인식을 일목요연하게 파악하였다. 한국외국어대 미디어커뮤니케이션학부에 재직 중인 박주연 교수는 제3장에서 TV홈쇼핑 산업의 규제를 개관하였다. 방송 산업 전문가인 박주연 교수는 다양한 종류의 규제가 중첩된 현 상황을 잘 정리하고 TV홈쇼핑 산업 규제가 나아가야 할 방향도 함께 제안하였다. 제4장에서는 고려대 미디어학부에서 광고를 가르치는 최세정 교수가 옴니채널 시대의 TV홈쇼핑 마케팅 전략을 제시하였다. 온라인, 오프라인과 차별화된 쇼핑채널로서 TV홈쇼핑은 어떤 전략을 필요로 하는지에 대한 고민이 제4장의 핵심이다. 제5장에서는 TV홈쇼핑 채널의 국제화를 다룬다. 한양대 신문방송학과에서 미디어 산업과 정책을 연구하는 전범수 교수는 TV홈쇼핑의 국제화 시도와 그 성과까지도 분석했다. 제6장에서 고려대 미디어학부 김성철 교수는 TV홈쇼핑 시장의 돌파구로 주목받고 있는 T커머스를 TV홈쇼핑 사업자가 어떻게 포지셔닝하여 전략적으로 활용할 수 있을지 실증적으로 분석했다. 마지막 제7장에서는 방송통신법 전문가로서 한림대 글로벌 융합대학에서 정보법과학을 가르치는 안정민 교수가 TV홈쇼핑 사업자의 법적·사회적 책임을 구체적 사례를 중심으로 설명하면서 책을 마무리 짓는다.

유명한 화가 피카소가 그린 〈어머니와 아기〉(Mother and Child)라는 그림을 보면 어머니가 아기를 안고 있는데, 아기는 어머니의 얼굴을 가까이서 보기 때문에 어머니의 얼굴 전체가 아닌 일부만을 본다는 것을 알 수 있다. 어쩌면 우리도 TV홈쇼핑을 잘 아는 것 같지만 전체가 아닌 일부 모습만을 보고 이런저런 판단을 했을지도 모른다. TV홈쇼핑의 부분만이 아닌 전모를 파악할 필요가 있었기에, 그것도 하나의 시각이 아닌 다양한 시각으로 이해할 필요가 있었기에 이 책의 집필에 참여한 여러 연구자의 집단지성이 절실하게 필요했다. 고려대 미디어산업연구센터가 주관한 TV홈쇼핑산업연구모임에 1년 동안 참여하고 원고를 집필하느라 수고한 저자들에게 가장 먼저 감사의 말씀을 드리고 싶다. 덕분에 학문과 세대의 경계를 넘어 같은 화두를 놓고 모여서 공부하고 토론하는 즐거움을 느낄 수 있었다. 또한 이 연구모임을 물심양면으로 후원해 주신 CJ오쇼핑 허민회 대표와 신윤용 담당 그리고 이호범 팀장께 깊은 감사를 드린다. 연구모임의 간사를 맡았던 박지은 박사와 원고의 정리를 맡아 준 황신영 조교에게도 감사하는 마음을 전한다. 부디 이 책을 통해 TV홈쇼핑을 향한 불필요한 오해가 불식되고 체계적인 이해가 도모되기를 기대한다.

집필진을 대표하여
김 성 철

TV홈쇼핑 산업의 이해

차례

제1장

TV홈쇼핑 산업의 구조*

남재현
고려대 경제학과

1. TV홈쇼핑 개요

TV홈쇼핑은 TV 등 방송매체를 통해 시청자들에게 제품 정보를 제공함으로써 제품을 판매하는 소매유통 방식 중 하나이며 방송광고 영역과 제품유통 영역이 결합된 특성을 지닌다(방송통신위원회, 2008). TV홈쇼핑 사업자는 방송 플랫폼 측면에서는 방송 프로그램 제작자(*program provider*)이며, 또한 시청자에게 판매하는 제품의 정보를 제공하는 '정보중개자'이다. 그리고 쇼핑 프로그램 자체로서의 흥미를 제공함으로써 방송매체의 역할을 할 뿐만 아니라 상품의 주문, 배송, 대금의 결제를 처리하는 역할도 수행한다(전경련중소기업협력센터, 2007; 중소기업청, 2015).

---

* 이 장에 수록되는 표, 그림 등의 작성에 수고해 준 이정훈 군에게 감사한다.

〈표 1-1〉 국내 TV홈쇼핑사 일반현황

법인명	CJ오쇼핑	GS홈쇼핑	NS쇼핑	우리홈쇼핑	현대홈쇼핑	홈앤쇼핑	공영홈쇼핑
채널명	CJ오쇼핑	GS홈쇼핑	NS홈쇼핑	롯데홈쇼핑	현대홈쇼핑	홈앤쇼핑	아임쇼핑
개국연도	1995.8.	1995.8.	2001.9.	2001.9.	2001.11.	2012.1.	2015.7.
소재지	서울 서초구	서울 영등포구	경기 성남시	서울 영등포구	서울 강동구	서울 마포구	서울 마포구
자본금	310억 원	328억 원	168억 원	400억 원	600억 원	1,000억 원	800억 원
사업모델	TV홈쇼핑, T커머스(홈앤쇼핑, 공영홈쇼핑은 제외), 인터넷 쇼핑, 모바일커머스, 카탈로그 쇼핑						
기업공개	공개	공개	미공개	공개	공개	미공개	미공개

자료: 대한상공회의소(2017).《2017년 유통산업백서》; 한국온라인쇼핑협회(2014).《2015 온라인 쇼핑 시장에 대한 이해와 전망》.

우리나라 TV홈쇼핑은 〈방송법〉에 의해 승인제로 유지된다. [1] TV홈 쇼핑의 역사를 간략하게 살펴보면, 1995년 홈쇼핑TV(현 CJ오쇼핑)와 한국홈쇼핑(현 GS홈쇼핑) 2개 사업자로 시작하여 2001년 현대홈쇼핑, 롯데홈쇼핑이 추가되었고, 이후 농·축·수산물 제품의 판매를 목적으로 하는 사업자(NS홈쇼핑)와 중소기업 제품의 판매를 목적으로 한 사업자(홈앤쇼핑, 공영홈쇼핑)가 합류하였다(공정거래위원회, 2011a). 〈표 1-1〉은 국내 TV홈쇼핑 사업자의 현황이다.

TV홈쇼핑 사업자 중 다수는 유료방송 채널을 통한 사업 외에도 인터넷 쇼핑, T커머스 등을 활용하여 사업을 운영한다. 한편 TV홈쇼핑은 유료방송매체를 통해 유료방송 가입자들에게 전송되며 유료방송 시장의 확장과 함께 성장하였다. 〈그림 1-1〉은 2004년부터 2015년까지의 TV홈쇼핑 시장 성장세를 잘 보여 준다. 여기서 유료방송 가입자 수의

---

1) 〈방송법〉 시행령 제16조에 따라 5년 이내의 범위에서 허가 및 갱신된다.

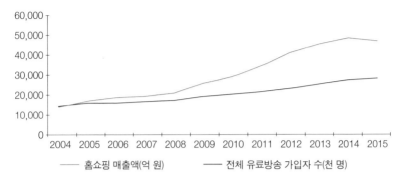

〈그림 1-1〉 유료방송 가입자 수와 TV홈쇼핑 매출액 추이

── 홈쇼핑 매출액(억 원)　　　── 전체 유료방송 가입자 수(천 명)

자료: 방송통신위원회(2016). 《2016년도 방송시장 경쟁상황 평가》.

〈표 1-2〉 국내 TV홈쇼핑 사업자의 매출액, 영업이익, 영업이익률 추이

단위: 억 원

구분		CJ오쇼핑	GS홈쇼핑	롯데홈쇼핑	현대홈쇼핑	NS홈쇼핑	홈앤쇼핑	공영홈쇼핑
2013	매출액	12,607	10,417	7,732	7,999	3,471	3,382	-
	영업이익	1,572	1,566	781	1,448	695	784	-
	영업이익률	12.5	15.0	10.1	18.1	20.0	23.2	-
2014	매출액	12,773	10,606	8,692	8,678	3,903	3,779	-
	영업이익	1,421	1,413	1,012	1,451	924	919	-
	영업이익률	11.1	13.3	11.6	16.7	23.7	24.3	-
2015	매출액	11,194	10,913	8,545	8,908	4,064	3,532	339
	영업이익	1,141	1,125	752	1,107	899	428	-200
	영업이익률	10.2	10.3	8.8	12.4	22.1	12.1	-
2016	매출액	10,959	10,652	8,860	9,613	4,411	3,275	1,171
	영업이익	1,449	1,286	8,095	1,323	790	423	-107
	영업이익률	13.2	12.1	9.14	13.8	17.9	12.9	-

자료: 전자공시시스템(DART)의 각 사업자 정보.

<표 1-3> 국내 TV홈쇼핑 사업자의 점유율 추이 (매출액 기준)

단위: %

연도	CJ오쇼핑	GS홈쇼핑	롯데홈쇼핑	현대홈쇼핑	NS홈쇼핑	홈앤쇼핑
2013	27.64	22.84	16.95	17.54	7.61	7.42
2014	26.37	23.25	19.06	19.03	8.56	8.29
2015	27.24	26.55	20.79	21.67	9.89	8.59
2016	24.03	23.36	19.43	21.08	9.67	7.18

주: <표 1-2>의 사업자 매출액을 기반으로 점유율을 산정하였다.

증가(약 2.5배 증가)와 함께 TV홈쇼핑 매출액이 증가(약 1조 3천억 원에서 약 4조 7천억 원으로 약 4.5배 증가)하였음을 확인할 수 있다. TV홈쇼핑 시장은 유료방송 시장의 확대와 발맞추어 급속히 성장한 것이다. TV홈쇼핑 매출은 유료방송 시장의 확대와 함께 증가하였으나 홈쇼핑 매출이 시장 확대에 비해 더 빠른 속도로 증가하였다. 다만 2013년 이후 TV홈쇼핑 산업 전체 매출액의 증가세가 정체됨을 알 수 있다.

이제 국내 TV홈쇼핑 시장에서 사업자별 매출액을 살펴보자. CJ오쇼핑과 GS홈쇼핑이 사업자 매출액에서 각각 1, 2위를 차지한다. 2012년에 CJ오쇼핑이 기존 1위였던 GS홈쇼핑을 앞선 이후 계속적으로 선두를 유지하는 상황이지만 두 업체 간의 매출액 차이는 크지 않다. 2013년 이후 이 두 사업자의 매출액은 정체되거나 완만하게 감소하였음을 발견할 수 있다. 전체적으로 영업이익률 역시 2013년과 대비하여 정체 또는 감소세가 관측된다.

<표 1-3>은 사업자 별 점유율 추이를 정리하였다. 점유율 측면에서 2016년 기준, CJ오쇼핑, GS홈쇼핑, 현대홈쇼핑이 20%를 상회하였으며 롯데홈쇼핑이 19%의 점유율을 기록하였다. 상위 4개 사업자의 점유율은 각 순위 간 점유율 차이가 5%p 내외로 밀접한 분포가 나타난

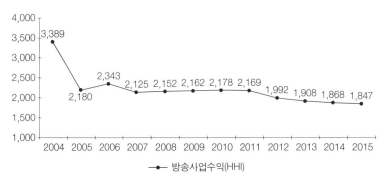

〈그림 1-2〉 국내 TV홈쇼핑 방송사업 매출점유율 기준 HHI 추이

자료: 방송통신위원회(2016). 《2016년도 방송시장 경쟁상황 평가》.

다. 한편 홈앤쇼핑은 2011년 6월 추가적 승인이 이루어졌을 당시에는 인지도 부족 및 중소기업 제품 위주의 상품 구성 등으로 인하여 기존 TV홈쇼핑 사업자들과의 경쟁에서 일정한 점유율을 차지하는 데에 상당한 기간이 필요할 것으로 예상되었으나 짧은 시간 내에 경쟁 사업자로서 성장할 수 있었다(박상호, 2014).

시장집중도 측면에서 2015년도 TV홈쇼핑 시장의 HHI(*Herfindahl-Hirschman Index*)[2]는 1,847포인트로 전년 대비 21포인트 감소하였다(방송통신위원회, 2016). 사업자들 간의 경쟁이 심화됨에 따라 시장집중도는 지속적으로 정체되거나 완만한 감소세를 보일 것으로 예상된다.

---

[2] HHI는 각 기업별 시장점유율의 제곱값의 총합이다.

2. TV홈쇼핑 시장의 구조

TV홈쇼핑은 좁게는 '제품 판매업체(또는 납품업체) - TV홈쇼핑 - 최종 소비자'라는 유통 구조를 가진다. 그러나 TV홈쇼핑 방송이 유료방송 서비스를 통해 송출된다는 점에서 넓게는 '납품업체 - TV홈쇼핑 - 유료 방송 사업자 - 유료방송 서비스 가입자' 간의 거래관계를 TV홈쇼핑의 구조에 포괄할 수 있다(공정거래위원회, 2011). 이러한 거래관계를 〈그림 1-3〉처럼 시각화할 수 있다. 제품 판매업자의 상품이 TV홈쇼핑 사업자를 통해 최종소비자에게 '도달'한다는 점에서 TV홈쇼핑 산업은 일반적인 유통업이 가진 수직 구조를 지닌다.

TV홈쇼핑 사업자가 제작한 TV홈쇼핑 방송 프로그램은 유료방송 사업자를 통하여 유료방송 가입자에게 전송되는데, TV홈쇼핑 사업자는 유료방송 사업자에게 송출수수료를 지불한다. 구체적으로, 유료방송 사업자는 유료방송 가입자 시장에서 가입자를 모집하며 방송 가입자에게 전송될 수 있는 채널을 TV홈쇼핑 사업자에게 판매한다. 한편 TV홈쇼핑 사업자는 유료방송 사업자에게서 구매한 채널을 방송시간 슬롯(*time slot*)으로 나누고 광고방송 제작 서비스를 부가하여 제품 판매자들에게 판매한다(공정거래위원회, 2011). 이와 같은 구조에서 TV홈쇼핑 사업자는 제품 공급업체로부터는 제품의 판매에 따른 '판매수수료'를 받으며 유료방송 사업자에게는 채널 사용을 위한 '송출수수료'를 지급한다.

제품 판매업체(또는 납품업체)와 TV홈쇼핑 사업자 간의 거래는 대부분 위·수탁거래 또는 특정매입의 형태로 이루어져 있다. 여기에서 위

· 수탁거래란 대규모 소매업자가 납품 받은 상품을 자신의 명의로 판매하고, 매출액에서 일정액 혹은 일정률의 수수료를 공제한 후 상품판매대금을 납품업자에게 지급하는 형태의 거래방식이다(공정거래위원회, 2011).

특정매입거래는 대형유통업체가 반품 조건부로 납품업체로부터 상품을 외상매입하여 판매하고 상품판매대금의 일정률을 판매수수료로 받는 거래 형태로(공정거래위원회, 2011b) 위·수탁거래와 실질적으로

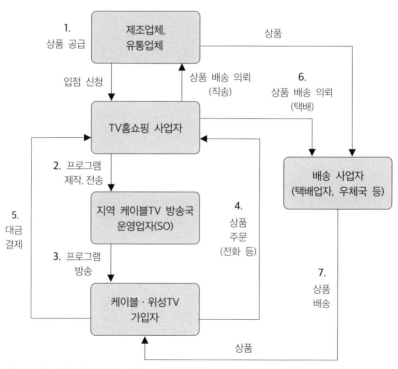

〈그림 1-3〉 TV홈쇼핑 산업 구조

자료: GS홈쇼핑 웹페이지의 그림을 재구성.

<표 1-4> 5개 TV홈쇼핑 사업자의 거래형태별 비중 (2009년 매출액 기준)

단위: %

구분	사업자1	사업자2	사업자3	사업자4	사업자5	평균
위·수탁거래	94.3	94.5	2.2	99.6	-	58.2
특정매입	-	-	93.5	-	99.7	38.6
직매입	5.7	5.5	4.3	0.4	0.3	3.2
계	100.0	100.0	100.0	100.0	100.0	100.0

주: TV홈쇼핑 산업에서 특정매입거래는 실질적으로 위·수탁 거래와 내용이 같다.
　　직매입거래는 납품업체로부터 직접 상품을 매입하고 일정한 중간 이윤을 붙여 판매하는
　　거래 형태(반품 불가)로 대형마트의 주된 거래 형태이다.
자료: 공정거래위원회(2011b). "대형유통업체 판매수수료 수준 공개". 보도자료.

동일한 거래 형태이다. 〈표 1-4〉에서는 2009년 기준으로 납품업체와
TV홈쇼핑 사업자 간 거래의 약 96.8%가 위·수탁거래 형태라는 것을
알 수 있다. TV홈쇼핑은 방송 준비, 계획된 제품을 일정 수량, 한정된
기간 동안 판매하는 사업모형이므로 TV홈쇼핑 사업자와 납품업자 간
의 이러한 거래 방식은 재고의 위험을 TV홈쇼핑 사업자와 판매자 간에
배분한 결과로 판단된다.

3. 판매수수료

공정거래위원회의 보도자료(2016)에 따르면 2016년 TV홈쇼핑 사업자
들의 평균 명목 수수료율은 33.2%로 전년 대비 0.3%p 감소한 것으로
나타났다(〈표 1-5〉 참고). 판매수수료를 20% 수준으로 책정하도록 규
제를 받는 공영홈쇼핑을 제외한 나머지 TV홈쇼핑 사업자들은 판매수
수료를 대략 33% 내외로 책정하였다.

<표 1-5> TV홈쇼핑 평균 수수료율 변화

단위: %, %p

상호명	2014년	2015년 (A)	2016년 (B)	수수료율 증감(B-A)
CJ오쇼핑	34.8	35.9	34.5	-1.4
GS홈쇼핑	34.9	33.8	34.6	0.8
롯데홈쇼핑	35.3	35.4	36.5	1.1
현대홈쇼핑	35.4	36.7	33.7	-3.0
NS홈쇼핑	30.2	30.5	29.9	-0.6
홈앤쇼핑	32.5	31.1	30.8	-0.3
전체 평균	34.0	33.5	33.2	-0.3

주: 순수 정률수수료 기준.
　　공영홈쇼핑은 표에서 제외하였다. 2015년에 개국한 공영홈쇼핑은 창의·혁신상품과
　　중소기업 제품, 농축수산물의 유통을 위해 설립되었기에 "공영TV홈쇼핑 승인 기본계획"
　　(미래창조과학부, 2014)에 따라 평균 판매수수료율을 규제받는다.
자료: 공정거래위원회(2016). "2016년 백화점 TV홈쇼핑 판매수수료율 결과발표".

<표 1-6> TV홈쇼핑의 상품군별 상위 및 하위 판매수수료율 (2016년)

단위: %

순위	상위 상품군	수수료율	순위	하위 상품군	수수료율
1	셔츠·넥타이	36.0	1	레저용품	6.5
2	진·유니섹스	33.0	2	대형가전	16.8
3	건강식품	32.9	3	디지털기기	17.7
4	여성캐주얼	32.4	4	건강용품	19.4
5	남성캐주얼	32.3	5	남성정장	20.7

주: 순수 정률수수료 기준.
자료: 공정거래위원회(2016). "2016년 백화점 TV홈쇼핑 판매수수료율 결과발표". 보도자료.

<표 1-7> TV홈쇼핑 송출수수료 및 판매수수료 추이

단위: 억 원

구분	2009	2010	2011	2012	2013	2014	연평균 성장률
송출수수료	4,093	4,858	6,384	8,704	9,708	10,447	24.5%
판매수수료	19,140	21,616	25,706	30,264	33,971	34,254	17.8%

자료: 미래창조과학부·방송통신위원회(2015). 《2015년 방송 산업 실태조사 보고서》.

한편 상품군별로 판매수수료 수준에서 상당한 차이가 존재하였다. 2016년 기준으로 셔츠·넥타이, 진·유니섹스 상품군의 수수료가 각각 36.0%, 33.0%를 기록함으로써 이들 제품이 수수료 상위 상품군에 속한 반면, 레저용품, 대형가전 등의 상품에 대해서는 각각 6.5%, 16.8%로 판매수수료가 비교적 낮았다(〈표 1-6〉 참고). 공정거래위원회의 보고서(2011)는 이러한 수수료의 차이를 언급하면서 "상품군 별로 평균, 최대 판매수수료율에서 차이가 나는 이유는 본질적으로 해당 상품군 내에 얼마나 많은 잠재적 납품업체가 존재"하는지 그리고 "이들 납품업체 간 브랜드 파워, 기업규모의 차이"는 어떠한지에 따른 것이라고 판단하였다.

하지만 이러한 수수료 차이에는 수수료 부과에 따른 소매가격 전가율, 소매가격 전가로 증가한 소매가격에 따른 수요탄력성의 수준 역시 중요한 역할을 할 것으로 보인다. 판매수수료가 증가하면 제품 판매자는 증가한 판매수수료의 일부 또는 전부 이상을 판매가로 전가하게 되어 상품의 판매가격이 증가한다. 이 경우, 수요의 가격탄력성에 따라 제품의 판매량이 감소하며, 판매량이 줄어듦에 따라 수수료 감소가 발생할 수 있다. 즉, 수수료의 판매가격 전가율이 높은 제품, 가격에 따른 수요탄력성이 높은 제품일수록 판매수수료의 증가가 더 많은 판매량 감소를 가지고 오게 되는 것이다.

일반적으로 구매자는 TV홈쇼핑 채널의 제품 판매가격과 인터넷을 통한 제품 구입가격을 비교할 수 있다. 유통채널 간 가격 비교가 용이한 제품일수록 수요의 가격탄력성은 높아지는데, 대형가전이나 디지털기기 등이 이에 해당한다. 반면에 차별화된 제품일수록 유통채널 간 가격을 비교하기 어려우며 이에 수요의 가격탄력성은 상대적으로 낮아져 판매수수료가 높게 책정될 수 있다. 상품군별 수수료 차이 또한 가격에 따른 수요탄력성에 일정한 영향을 받을 것으로 추정한다.

〈표 1-7〉은 2009년에서 2014년까지 TV홈쇼핑 판매수수료 및 송출수수료 총액의 변동을 보여 준다. 이를 통해 TV홈쇼핑의 판매수수료 및 송출수수료는 지속적으로 크게 증가해 온 것을 알 수 있다. 판매수수료는 연평균 17.8%라는 높은 증가율을 기록하였고, TV홈쇼핑 사업자가 유료방송 사업자에게 지불하는 송출수수료 역시 24.5%로 높은 연평균 증가율을 보여 준다. 2015년 유료방송사 전체의 TV홈쇼핑 송출수수료 수익은 케이블TV(7,714억 원), 위성방송(1,229억 원), IPTV(2,404억 원)를 합쳐 약 1조 1,347억 원 규모였으며, 케이블TV 사업자가 다른 유료방송 사업자에 비해 높은 송출수수료 수익을 기록하였다(방송통신위원회, 2016).

송출수수료는 유료방송사의 수익에서 매우 중요한 부분을 차지한다. 케이블TV 사업자 매출액 구성 중 TV홈쇼핑 송출수수료가 차지하는 비율이 2012년 30.6%, 2013년 31.5%, 2014년 32.5%로 점차 증가하는 등 유료방송 사업자들의 TV홈쇼핑 송출수수료 매출 의존도가 커지고 있다(미래창조과학부・방송통신위원회, 2015). 〈그림 1-4〉는 케이블TV 사업자들의 방송사업 매출 구성비 추이를 보여 준다.

케이블TV 사업 매출에서 비중이 가장 높은 항목은 방송수신료이나 점차 그 비중이 감소하는 추세이며 TV홈쇼핑 송출수수료와 방송수신료 간의 비중 차이도 줄어들고 있다. TV홈쇼핑 송출수수료를 유료방송 사업자별로 나누어 보면 〈표 1-8〉과 같다.

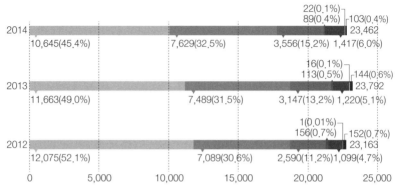

〈그림 1-4〉 케이블TV 사업자의 매출 구성비 추이 (억 원)

■ 방송수신료 ■ 홈쇼핑 송출수수료 ■ 단말장치 대여(판매) ■ 가입 및 시설설치 ■ 광고 ■ 협찬 ■ 기타 방송사업

자료: 미래창조과학부 · 방송통신위원회(2015). 《2015년 방송 산업 실태조사 보고서》.

〈표 1-8〉 유료방송사별 TV홈쇼핑 송출수수료 현황 (2014, 2015년)

단위: 억 원

구분			2014년			2015년		
			방송사업 매출액	TV홈쇼핑 송출수수료	송출수수료 비중*	방송사업 매출액	TV홈쇼핑 송출수수료	송출수수료 비중*
SO	MSO	t-broad	5,958	2,114	35.5%	5,790	2,141	37.0%
		CJ헬로비전	6,938	2,232	32.2%	6,720	2,257	33.6%
		C&M	4,393	1,192	27.1%	4,097	1,219	29.7%
		HCN	2,227	786	35.3%	2,153	776	36.1%
		CMB	1,408	582	41.3%	1,343	592	44.1%
			20,923	6,906	33.0%	20,102	6,985	34.7%
	독립 SO		2,539	723	28.5%	2,488	729	29.3%
			23,462	7,629	32.5%	22,590	7,714	34.1%
위성	Skylife		5,532	1,000	18.1%	5,496	1,229	22.4%
IPTV	OTV		6,615	667	10.1%	8,304	905	10.9%
	SKB TV		4,517	590	13.1%	5,990	848	14.2%
	LG U+TV		3,852	497	12.9%	4,794	651	13.6%
			14,984	1,754	11.7%	19,088	2,404	12.6%
전체 합계			43,978	10,383	23.6%	47,174	11,347	24.1%

* 송출수수료 비중 = (TV홈쇼핑 송출수수료 ÷ 방송사업 매출액) × 100
자료: 방송통신위원회(2016). "2016년도 방송시장 경쟁상황 평가".

24

다른 유료방송 사업자들에 비하여 케이블TV 사업자의 송출수수료 의존도가 더 높음을 관측할 수 있다. 케이블TV사의 방송사업 매출액 대비 송출수수료 비중은 2015년을 기준으로 약 34.1%로서 위성방송 (22.4%)이나 IPTV(12.6%)에 비해 높은 수치를 보여 준다. 케이블TV 사 간에도 송출수수료 비중에 차이가 있는데, 특히 CMB의 경우에는 송출수수료의 비중이 44.1%에 달한다. 또한 독립 SO대비 MSO[3]의 송출수수료 비중이 높음을 확인할 수 있는데, 이는 가입자 규모를 어느 정도 확보한 MSO가 TV홈쇼핑 사업자와 송출수수료를 두고 협상할 때 에 독립 SO에 비하여 더 높은 협상력을 발휘할 수 있음을 시사한다.

송출수수료 수준을 가입자당 매출액(ARPU) 기준으로 보면 2015년 방송수신료 매출액의 월간 가입자당 매출액은 평균 8,366원, TV홈쇼핑 채널이 케이블TV사에 지급하는 수수료는 가입자당 월 평균으로 대략 4,680원(연간 5만 6,200원)으로 나타났다(방송통신위원회, 2016).

TV홈쇼핑 송출수수료는 케이블TV 영업이익에서 큰 비중을 차지한다. 2015년 케이블TV사들의 전체 영업이익에서 TV홈쇼핑 송출수수료 매출이 차지하는 비중은 약 190.2%였으며, 따라서 케이블TV사 영업수익에서 송출수수료를 제외한다면 영업적자 상태일 것이라고 추정된다(방송통신위원회, 2016).

종합적으로 정리하면 유료방송 사업자들의 수익모형은 전형적인 양면시장(two sided market)에 해당한다. 한 측면에는 유료방송 가입자가,

---

3) MSO(*Multi System Operator*)는 복수의 케이블TV(SO: *System Operator*) 사업체를 소유, 운영하는 사업자를 의미한다. 독립 SO는 그 외의 케이블TV 사업자이다.

다른 측면에는 TV홈쇼핑 사업자가 있다. 유료방송 사업자는 가입자들에게 (유료방송) 수신료를, TV홈쇼핑 사업자에게는 송출수수료를 부과한다. 또한 한 측면에서는 유료방송 사업자가 가입자를 확보하고, 획득된 가입자는 TV홈쇼핑 송출 시장에서 투입요소(*input*)가 되어 TV홈쇼핑 송출수수료 확보를 위한 기반이 된다. 유료방송 사업자가 좀더 많은 가입자를 획득할 때 더 높은 TV홈쇼핑 송출수수료를 확보할 수 있다. 따라서 유료방송 사업자는 가입자 확보가 TV홈쇼핑 송출수수료에 미치는 효과를 고려하면서 유료방송 수신료를 책정한다.

이러한 유료방송 사업자의 수익모형은 인터넷포털 사업자의 수익모형과 동일한 구조이다. 인터넷포털 사업자들은 검색광고 측면과 일반사용자 측면이라는 양면을 가진다. 좀더 많은 사용자가 특정 인터넷포털을 사용하게 되면 해당 인터넷포털의 검색광고 수요는 더 높아진다. 이를 고려하여 인터넷포털은 검색광고 측면에서 더 높은 검색광고 수익을 얻기 위하여 사용자들에게 포털 서비스를 무료 또는 염가에 제공하게 된다. 즉, 인터넷포털의 검색광고 측면에서 발생하거나 발생할 것으로 예상되는 수익이 인터넷포털 사용자 측면에 부과되는 수수료를 낮추는 효과를 일으키는 것이다.

이와 동일하게 TV홈쇼핑 송출수수료는 유료방송 시장에서 유료방송 사업자가 가입자에게 부과하는 수신료를 낮추도록 만든다. 급격한 TV홈쇼핑 송출수수료 증가는 유료방송 시장에서 가입자가 부담해야 하는 수신료의 증가를 억제하는 효과를 가져 왔다.

4. 방송시청률 결정요인

이제 TV홈쇼핑 사업자의 매출 결정요인들을 살펴보자. TV홈쇼핑 채널의 방송시청률은 TV홈쇼핑 사업자의 매출에 중요한 요소이다. 해당 TV홈쇼핑 채널의 시청률이 높을수록 제품이 더 많이 판매될 수 있고, 이에 따라 판매수수료도 더 높아질 수 있다.

TV홈쇼핑 채널의 시청률은 채널의 편성 위치에 상당한 영향을 받는 것으로 조사되었다. 〈그림 1-5〉는 TV홈쇼핑 채널의 편성 위치와 이에 따른 시청점유율(%)의 변화를 보여 준다. 〈그림 1-5〉에서 가로축은 TV홈쇼핑 채널 앞뒤로 인접하여 위치한 채널의 시청점유율, 세로축은 TV홈쇼핑 채널 자체의 시청점유율이다.

이 그림에서 TV홈쇼핑 앞뒤에 위치한 채널의 시청점유율 평균과 TV

〈그림 1-5〉 TV홈쇼핑 채널의 편성 위치에 따른 시청점유율 (%)

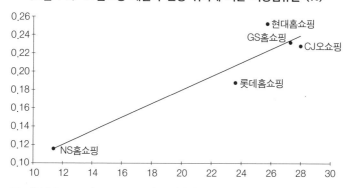

주: 세로축은 2010년 TNmS, AGB닐슨 시청점유율 평균값이다.
　　가로축은 케이블TV 86개사를 대상으로 각 TV홈쇼핑 채널별로 앞뒤에 위치한
　　지상파 채널 시청점유율의 평균값이다.
자료: 공정거래위원회(2011a), "경쟁상황 평가 틀 및 TV홈쇼핑 시장의 경쟁정책".

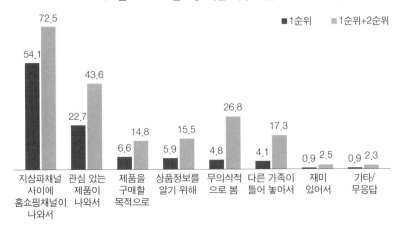

〈그림 1-6〉 TV홈쇼핑 채널 시청 이유 (%)

■1순위   ■1순위+2순위

지상파채널 사이에 홈쇼핑채널이 나와서	관심 있는 제품이 나와서	제품을 구매할 목적으로	상품정보를 알기 위해	무의식적 으로 봄	다른 가족이 틀어 놓아서	재미 있어서	기타/ 무응답
54.1	22.7	6.6	5.9	4.8	4.1	0.9	0.9
72.5	43.6	14.8	15.5	26.8	17.3	2.5	2.3

자료: 방송통신위원회(2008). "TV홈쇼핑 제도화 방안 연구".

홈쇼핑 채널 자체의 점유율 간에는 상당히 강한 양(+)의 선형관계가 있음을 발견할 수 있다. 이러한 결과는 TV홈쇼핑 채널 앞뒤에 시청률이 높은 채널이 있을 때 TV홈쇼핑 채널 시청률도 함께 높아진다는 것을 시사한다. 이는 TV홈쇼핑 채널이 어떤 위치에 편성되었는지에 따라 시청점유율에도 상당한 영향이 미침을 잘 보여 준다.

이러한 결과는 〈그림 1-6〉의 설문조사 결과를 고려하면 쉽게 이해될 수 있다. 이 그림은 방송통신위원회(2008)가 조사한 TV홈쇼핑 채널 시청의 이유를 정리한 것이다. 이 설문조사에서 응답자의 답변 중 가장 높은 비중을 차지한 TV홈쇼핑 시청 이유는 바로 "지상파 채널 사이에 TV홈쇼핑 채널이 나와서"였다.

TV홈쇼핑 시청률을 설명할 때에는 인접채널의 시청률이 미치는 '인접효과'를 빼놓을 수 없다. 이러한 면에서, 시청률에 따라 매출이 변동하는 TV홈쇼핑은 되도록 시청자에게 노출되기 쉬운 낮은 번호를 선호한다. 이는 시청자가 광고를 회피하기 위한 채널 전환(zapping), 업다운 키를 사용한 번호순 채널 이동(flipping), 두 개의 프로그램을 번갈아가며 동시에 시청하는 스위치 히팅(switch hitting) 등과 같은 채널의 전환(박정우·이영주, 2014) 과정에서 TV홈쇼핑 방송을 시청할 수 있기 때문이다.

공정거래위원회 의결서(공정거래위원회 〈제1소회의 의결 제2011-135호〉)는 TV홈쇼핑 채널에 어떤 번호의 방송 채널이 부여되는지에 따라 TV홈쇼핑 매출액이 영향을 받는데, 부여되는 채널에 따라서 매출액이 약 40%까지 변할 수 있다고 판단하였다.

이는 장기적으로 TV홈쇼핑 사업자들이 TV홈쇼핑 산업의 발전을 위하여 극복해야 할 사항이다. TV홈쇼핑 채널이 인접채널 시청률로부터 받는 영향을 감소시키고 대신 프로그램 자체의 경쟁력에 의존하는 정도를 강화하는 방식으로 산업이 전개되어야 TV홈쇼핑 산업은 송출수수료 감소 등의 발전을 이룰 수 있을 것이다.

5. TV홈쇼핑 송출수수료 책정요인

유료방송 사업자는 각 TV홈쇼핑 사업자에게 TV홈쇼핑 방송을 내보낼 수 있는 채널을 부여한다. 그 부여된 채널이 창출할 수 있는 시청률에 따라 TV홈쇼핑 사업자의 매출액이 상당한 영향을 받으므로 TV홈쇼핑 사업자는 시청자에게 좀더 '노출'이 많이 되는 번호의 채널을 선호하며,

TV홈쇼핑 송출수수료도 이에 따라 책정되게 된다. 이러한 면에서 각 채널의 사업자가 케이블TV사에게 지불하는 송출수수료는 채널의 위치 (location) 자체가 가지는 경쟁력에 대한 임대료(rent)의 성격을 지닌다. 방송 채널 사업자(PP)로서 TV홈쇼핑 사업자가 유료방송 사업자로부터 할당받는 채널 번호는 오프라인 유통업자 입장에서의 소비자에 대한 접근편의성과 유사하다(박정우·이영주, 2014).

공정거래위원회의 자료를 보면 주로 CJ, GS, 현대홈쇼핑 채널이 지상파 SBS, KBS, MBC가 위치한 5~12번 사이에 위치하며, NS홈쇼핑은 주로 14번에 위치하였음을 확인할 수 있다(〈표 1-9〉 참고).

TV홈쇼핑 사업자가 케이블TV사에게 지급하는 송출수수료 결정요인에 대한 선행연구를 살펴보자. 박민수·양준석(2015)은 TV홈쇼핑 송출수수료의 결정요인 추정을 위해 케이블TV 사업자(SO)를 대상으로 각 케이블TV 사업자가 얻는 TV홈쇼핑 송출수수료를 TV홈쇼핑 시청률, 아날로그방송 가입자 수, 디지털방송 가입자 수, 경쟁권역 등을 설명변수로 포함하여 아래의 회귀분석을 수행하였다.

$$
\begin{aligned}
\ln(\text{홈쇼핑송출수수료}_{jrt}) = {} & a_0 + a_1 \ln(\text{홈쇼핑 시청률}_{jrt}) \\
& + a_2 \ln(\text{아날로그 가입자 수}_{jrt}) \\
& + a_3 \ln(\text{디지털 가입자 수}_{jrt}) \\
& + a_4 \ln(\text{가입상품}_{jrt}) + X_{rt}\beta + D_{mso}\chi \\
& + D_t \eta + \varepsilon_{jrt}
\end{aligned}
$$

주: t = 연도, r = 지역, j = TV홈쇼핑 채널.
자료: 박민수·양준석(2015). 식(3).

〈표 1-9〉 각 케이블TV사의 TV홈쇼핑 채널 편성 현황 (2011년)

▨: 주요 공중파　▨: NS홈쇼핑　■: 주요 홈쇼핑

케이블TV사	채널 번호												
	3	4	5	6	7	8	9	10	11	12	13	14	15
씨앤앰중앙케이블		지역	S	CJ	현대	K2	롯데	K1	GS	M			NS
큐릭스종로중구방송		지역	S	GS	K2	롯데	K1	CJ	M	현대	E	NS	EC
큐릭스서대문방송		지역	S	GS	K2	롯데	K1	CJ	M	현대	E	NS	EC
씨앤앰용산케이블티브이		지역	S						NS	M	롯데		현대
큐릭스광진성동방송	E	지역	S	GS	K2	롯데	K1	CJ	M			NS	EC
티브로드동대문케이블방송	E	지역	S	NS	CJ	K2		K1	GS	M	롯데		EC
씨엠비동서방송		S	지역	CJ	K2	현대	K1		M	롯데	E	NS	
큐릭스		지역	S	GS	K2	롯데	K1	CJ	M	현대	E	NS	EC
씨앤앰노원케이블티브이		지역	S	롯데	GS	K2	CJ	K1		M	NS		E
노원케이블종합방송		지역	S	GS	K2	롯데	K1	CJ	M	현대		NS	
씨제이헬로비전 드림씨티방송		지역	S	GS	K2	CJ	K1	현대	M	롯데			
씨앤앰마포케이블티브이		지역	S	CJ	현대	K2		K1	GS	M			EC
씨제이헬로비전		지역	S	현대	K2	롯데	K1	CJ	M	롯데	E		
티브로드강서방송	E	지역	S	CJ	K2	현대	K1	GS	M	현대	E		
씨앤앰구로케이블티브이		지역	S	GS	K2	CJ	K1	롯데	M	롯데	E		
씨앰비한강케이블티브이			S	CJ	K2	현대	K1	GS	M		E		
에이치씨엔동작방송		GS	S	CJ	K2	롯데	K1	현대	M		E		
에이치씨엔		GS	S	롯데	K2	CJ	K1	현대	M		E	NS	
에이치씨엔서초방송		GS	S	CJ	K2	롯데	K1	현대	M		E	NS	
지에스강남방송		롯데	S	현대	K2	CJ	K1	GS	M	NS	E	지역	

주: K1 = KBS 1TV, K2 = KBS 2TV, M = MBC, S = SBS, E = EBS, NS = NS홈쇼핑,
　　CJ = CJ오쇼핑, GS = GS홈쇼핑, 롯데 = 롯데홈쇼핑, 현대 = 현대홈쇼핑, 지역 = 지역방송,
　　EC = E채널.
자료: 공정거래위원회(2011a). "경쟁상황 평가 틀 및 TV홈쇼핑 시장의 경쟁정책".

TV홈쇼핑 채널이 케이블TV사에게 지불하는 송출수수료를 TV홈쇼핑 채널이 케이블TV 가입자에 대한 접근권을 위하여 지불하는 대가로 해석할 수 있다는 측면에서 볼 때, 케이블TV의 가입자 규모가 당연히 송출수수료에 영향을 미친다고 이해할 수 있다. 또한 케이블TV사가 확보한 가입자의 규모는 송출수수료 협상에서 해당 케이블TV사의 협상력을 강화하는 중요요인이 될 수 있다(박정우·이영주, 2012).

박민수·양준석(2015)의 추정 결과, 아날로그 가입자 수와 송출수수료 간의 탄력성은 0.418~0.505, 디지털 가입자 수와 송출수수료 간의 탄력성은 0.287~0.326이었다. 한편 송인성(2016)은 이렇게 추정된 수치를 기반으로 아날로그와 디지털을 합한 "전체 케이블 가입자"를 고려하여 탄력성을 추정하였다. 그 결과, 가입자의 규모에 따른 송출수수료 탄력성을 최소 0.418과 0.287의 합인 최소 0.705로 추정할 수 있었다.

이상의 연구에서는 송출수수료를 결정하는 설명변수로 TV홈쇼핑 채널의 시청률을 포함하였다. 이는 흥미로운 부분인데, TV홈쇼핑 채널의 시청률이 채널 자체의 프로그램 편성 경쟁력 못지않게 인접채널의 시청률로부터 영향을 받아 결정된다고 판단한 것이기 때문이다. 만약 TV홈쇼핑의 시청률이 홈쇼핑 자체의 프로그램 제작 능력에 따라서만 100% 결정된다면 (TV홈쇼핑 시청률은 스스로의 프로그램 편성 능력에만 의존하므로) TV홈쇼핑 채널이 케이블TV사에 지불하는 송출수수료가 채널의 시청률에 따라 변동할 이유가 없을 것이다.

반면 케이블TV사가 어떤 채널 번호 또는 채널 위치를 부여하느냐에 따라 TV홈쇼핑 채널의 시청률이 상당하게 영향을 받는다면 TV홈쇼핑 채널에 부여되는 위치의 효과는 시청률에 반영되므로 TV홈쇼핑 채널이 케이블TV사에 지불하는 송출수수료도 이에 따라 변동하게 된다. 박민수·양준석(2015)은 TV홈쇼핑 시청률이 1% 감소하는 경우에 케이블TV사의 TV홈쇼핑 송출수수료 매출액은 약 0.222%정도 감소하는 것으로 추정하였다.

〈그림 1-5〉는 TV홈쇼핑 채널에 인접한 채널의 시청률과 TV홈쇼핑 채널 자체의 시청률 간에 존재하는 상관관계를 보여 주었다. 박민수·양준석(2015)은 TV홈쇼핑 채널에 인접한 앞뒤 채널의 시청률과 채널의 번호를 TV홈쇼핑 시청률의 결정요인으로서 포괄하여 TV홈쇼핑 시청률을 설명하는 회귀분석을 수행하였다.

$$\ln(\text{홈쇼핑송출수수료jrt}) = \alpha_0 + \alpha_1 \ln(\text{앞채널 시청률}_{jrt})$$
$$+ \alpha_2 \ln(\text{뒷채널 시청률}_{jrt})$$
$$+ \alpha_3 \ln(\text{홈쇼핑 채널 번호}_{jrt}) + X_{rt}\beta + D_j\gamma$$
$$+ D_r\delta + D_t\eta + \varepsilon_{jrt}$$

주: t = 연도, r = 지역, j = TV홈쇼핑 채널.
자료: 박민수·양준석(2015). 식(4).

이 식은 TV홈쇼핑 채널의 시청률이 그 인접채널 시청률 및 채널 번호에 어떻게 의존하는지 추정한 것이다. 박민수·양준석(2015)에 따르면 통계적으로 앞채널과 뒷채널의 시청률은 TV홈쇼핑 시청률에 유의한 영향을 가지는 것으로 나타났다. 구체적으로는 앞채널의 시청률이 1% 증가하면 TV홈쇼핑 채널의 시청률은 0.062~0.121% 증가하고, 뒷채널의 시청률이 1% 증가한 경우에는 해당 TV홈쇼핑 채널의 시청률이

0. 134~0. 220% 증가하는 것으로 설명할 수 있었다.

정리하면, TV홈쇼핑 사업자의 매출은 TV홈쇼핑 채널의 시청률에 의하여 결정되며, TV홈쇼핑 채널의 시청률은 부여받은 채널 번호와 인접채널 시청률에 상당한 영향을 받는다. 따라서 TV홈쇼핑 사업자가 유료방송 사업자로부터 부여받는 채널 번호 및 위치는 TV홈쇼핑 사업자의 매출에 일정한 영향을 미치므로, 유료방송 사업자는 TV홈쇼핑 사업자에게 부여하는 채널 번호와 위치에 따라 송출수수료를 부과한다. 시청자에게 '노출'이 쉬운 채널 번호에는 높은 송출수수료가 책정된다. 이러한 송출수수료는 유료방송 시장의 확대와 함께 큰 폭으로 증가하여 왔다. 또한 송출수수료가 유료방송 사업자의 수익에서 큰 부분을 차지하면서 유료방송 시장에서 가입자들에게 부과되는 가입비를 억제하는 효과를 띠게 되었다.

방송 채널 위치에 대한 TV홈쇼핑 사업자들의 지불가격이 입찰에 의해서 결정되는 경우, 가장 효율적인 TV홈쇼핑 사업자가 가장 노출도가 높은 채널 위치를 차지하게 된다. 그리고 채널 송출수수료는 차상위 효율 사업자의 효율성을 반영하여 책정될 것이다. 따라서 TV홈쇼핑 사업자의 이윤은 해당 사업자(최고 효율 사업자)와 차상위 효율 사업자의 효율성 차이를 반영하게 된다.

제2장

소셜미디어에 나타난 TV홈쇼핑에 대한 인식

정윤혁
울산과학기술원 경영학부

판매 규모 측면으로 보았을 때, 국내 소매업 분야에서 TV홈쇼핑은 백화점이나 대형마트, 전문소매점보다 더 큰 비중을 차지한다. TV홈쇼핑사 매출은 방송 채널 사업자의 매출에서도 절반 이상에 해당한다. 따라서 TV홈쇼핑은 국내 경제에 영향력이 큰 사업 분야라고 할 수 있다(이선희, 2017). 1990년대 중반에 자리 잡기 시작한 TV홈쇼핑은 지속적인 성장세를 유지하다가 2015년 이후 인터넷과 모바일커머스의 확장으로 인해 그 성장세가 둔화되는 추세이다.

 백화점이나 전문소매점의 인터넷 채널 활용과 인터넷 오픈마켓, 소셜커머스와 같은 다양한 인터넷 채널의 등장, 나아가 모바일 채널의 일상화는 소매시장의 복잡성과 경쟁을 심화시켰다. 새로운 시장 환경은 전통매체인 TV를 활용하는 TV홈쇼핑의 위상에 대한 고민을 가져왔다. 다채널을 선택할 수 있는 소비자에게 TV홈쇼핑이 어떤 의미를 가지는지 숙고가 필요한 시점인 것이다. 다채널 환경에서 소비자는 평판이나 이미지가 우호적인 채널에 집중하는 경향이 있다는 점을 감안할 때, 경쟁이 치열해지는 소매시장에서 TV홈쇼핑에 대한 소비자들의 인식을 파악하는 것은 TV홈쇼핑의 미래를 가늠하도록 돕는 의미 있는 작업이라고 할 수 있다.

온라인 소매 채널의 평판·이미지와 소비자의 구매 의도 사이에 정적(*positive*) 영향이 있음을 많은 연구가 밝혀 왔고, 같은 맥락에서 TV홈쇼핑에서도 TV홈쇼핑 사업자의 이미지가 소비자의 구매에 중요한 영향을 미친다는 사실이 강조된다(황성욱·박혜빈, 2016). 따라서 제2장에서는 TV홈쇼핑에 대한 소비자들의 인식을 탐색해 보고자 한다.

구체적으로는 소셜데이터 분석을 통해 TV홈쇼핑에 대한 입소문(*buzz*)을 분석하고, 나아가 최근 TV홈쇼핑 사업자들의 다채널 대응 전략 중의 하나인 모바일 TV홈쇼핑과 관련된 버즈분석도 수행하고자 한다. 국내 모바일 쇼핑 거래액은 2016년에 이미 인터넷 쇼핑의 거래액을 넘어섰고, TV홈쇼핑 사업자들 역시 이러한 점에 착안하여 모바일 쇼핑 영역을 강조하고자 소비자들에게 모바일앱의 사용을 권유하고 있다. 즉, 모바일 TV홈쇼핑이 사업자들의 최근 관심사일 뿐만 아니라 그 비중도 증가하는 추세이기에 모바일 TV홈쇼핑을 대하는 소비자의 반응을 탐색하는 것은 TV홈쇼핑 전체를 향한 소비자의 인식을 파악하는 데에도 도움이 될 것이다.

제2장에서는 소셜데이터에 기초하여 ① TV홈쇼핑을 바라보는 소비자들의 시각과 ② TV홈쇼핑 사업자들의 모바일 활동과 관련된 소비자의 인식을 논의한다.

1. 소셜데이터 분석

학연이나 지연 등의 오프라인 관계를 온라인 영역으로 끌어들여 관리·확장하려는 목적으로 시작된 온라인 소셜네트워크 서비스는 오늘날 사적인 관계를 관리하는 도구를 넘어서서 공론의 장, 또는 고객과의 의사소통을 위한 기업의 새로운 수단으로 자리매김함으로써 소셜미디어(social media)라는 새로운 사회적 의사소통 채널의 역할을 하고 있다. 기업은 자사의 제품이나 서비스를 홍보할 뿐만 아니라, 고객과 의사소통을 하기 위해서도 소셜미디어를 적극적으로 활용한다. 또한 소셜미디어는 기업에 대한 루머를 확산시켜 위기를 발생시키거나, 거꾸로 위기상황에 대한 기업의 대응 수단으로 활용되기도 한다(김보라·김우희·정윤혁, 2017).

이러한 소셜미디어의 다양한 활용에 덧붙여, 소셜미디어가 대중의 생생한 생각을 반영한다는 점에서 기업이나 제품, 이슈 등을 향한 소비자의, 혹은 사회적인 이해를 파악하는 자료로서도 가치가 높다고 할 수 있다. 이러한 사실에 착안하여 정치·정책 분야에서는 소셜데이터를 활용하여 여론을 파악함으로써 이를 정책 입안을 위해 활용한다. 기업 역시 기업 관련 소셜데이터를 실시간으로 수집·분석하여 기업 평판 관리 및 마케팅 전략에 적극적으로 반영한다.

그러므로 이 장에서는 TV홈쇼핑에 대한 소비자들의 생생한 인식을 반영하는 소셜데이터를 분석함으로써 TV홈쇼핑을 대하는 소비자들의 인식을 파악하고자 한다.

2. TV홈쇼핑에 대한 소비자 인식

1) 소셜데이터 수집

TV홈쇼핑에 대한 소비자의 인식을 파악하기 위해 다양한 소셜미디어를 통해 소셜데이터를 수집하였다. 인터넷 포럼(커뮤니티), 블로그, 인스타그램, 페이스북, 트위터가 주요한 데이터 소스(*data source*)였으며 소셜데이터 분석 기업인 다음소프트의 '소셜매트릭스'(Socialmetrics)라는 도구와 자체적으로 개발한 수집 도구를 활용하여 데이터를 수집·분석하였다. "홈쇼핑"이라는 키워드를 사용하였고 데이터의 수집 기간은 2015년 1월부터 2016년 9월까지였다. 2015년에는 35만 건, 2016년에는 28만 건의 TV홈쇼핑 관련 소셜데이터를 찾을 수 있었다.

2015년에 비해 2016년 5월부터 TV홈쇼핑 관련 소셜데이터 양이 급격하게 증가하였는데, 〈그림 2-2〉에서 보듯이, 트윗의 증가가 그 원인이라고 할 수 있다. 이 시기에 나타난 트윗 증가의 주원인은 불량상품 주의 트윗, 광고 및 이슈 의류와 관련된 리트윗인 것으로 파악되었다.

CJ오쇼핑의 사례를 통해 더 구체적으로 들여다보자. 〈그림 2-3〉을 통해 볼 수 있듯이, 이 시기(2016년 5월)에 CJ오쇼핑과 관련된 소셜데

〈표 2-1〉 TV홈쇼핑 관련 소셜데이터 수집정보

키워드	홈쇼핑
데이터 소스	인터넷 포럼(커뮤니티), 블로그, 인스타그램, 페이스북, 트위터
수집 대상 기간	2015년 1월 ~ 2016년 9월
수집 도구	소셜매트릭스(Socialmetrics), 자체개발한 수집 도구
결과	2015년 35만 건, 2016년 28만 건

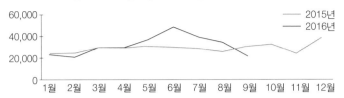

〈그림 2-1〉 TV홈쇼핑 관련 소셜데이터 수집 결과

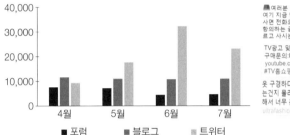

〈그림 2-2〉 매체별 TV홈쇼핑 관련 소셜데이터 증가량(2016년)과 관련 트윗의 예

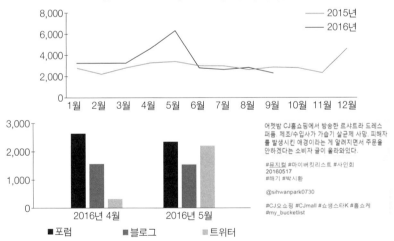

〈그림 2-3〉 CJ오쇼핑 관련 버즈량 추이 및 분석

이터 역시 증가하였는데, 구체적 내용을 보면 사회적 화두(가습기 살균제 관련 이슈)에 대한 트윗과 뮤지컬 티켓 판매라는 이벤트 광고 트윗이 전파되면서 TV홈쇼핑에 대한 버즈량이 증가한 것으로 보인다.

2) TV홈쇼핑 사업자별 소셜데이터 분석

TV홈쇼핑 매출액 기준 상위 5사(CJ오쇼핑, GS홈쇼핑, 롯데홈쇼핑, 현대홈쇼핑, NS홈쇼핑)를 대상으로 소셜데이터를 분석하였다. 2015년 버즈량 추이는 대체로 일정하지만 두 군데에서 변이가 나타난다.

〈그림 2-4〉에서 나타난 첫 번째 변이(변이 A)에서는 롯데홈쇼핑의 버즈량이 급속히 증대되었음을 볼 수 있다. 이는 롯데홈쇼핑이 자사의 모바일앱을 출시하면서 광고성 소셜데이터를 배포함에 따라 나타난 결과이다. 두 번째 변이(변이 B)는 CJ오쇼핑과 관련된 버즈량의 증가인데, 가수인 루시드폴의 앨범 판매와 관련하여 소셜데이터가 급증하면서 버즈량이 증가하였다. 직접 출연한 루시드폴의 공연을 곁들인 방송을 통해 준비된 수량의 앨범이 짧은 시간에 매진되는 성공 일화를 남기기도 하였다. 루시드폴 앨범 판매방송은 TV홈쇼핑의 방송콘텐츠와 소매 채널의 특징을 전략적으로 결합시킨 사례가 될 수 있다.

2016년에는 대략 4차례의 소셜데이터 급증 현상을 확인할 수 있다(〈그림 2-6〉 참고). 〈그림 2-6〉의 변이 A는 CJ오쇼핑 관련 소셜데이터의 증가로서 앞서 언급한 티켓(뮤지컬〈마이버킷리스트〉) 판매방송으로 버즈량이 증가한 것이다. 변이 B는 NS홈쇼핑이 판매한 특정 제품(얼룩제거제)과 관련한 약 3천 건의 리트윗으로 인해 나타난 버즈량의 증가였

〈그림 2-4〉 TV홈쇼핑 사업자별 버즈량 추이 (2015년)

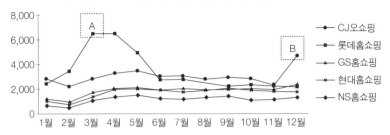

〈그림 2-5〉 루시드폴 앨범 판매방송 모습

〈그림 2-6〉 TV홈쇼핑 사업자별 버즈량 추이(2016년)와 관련 소셜데이터의 예

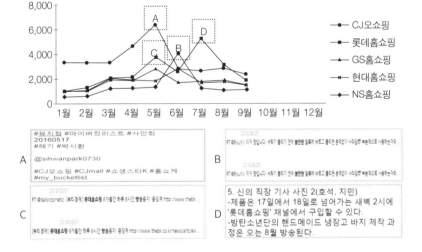

다. 이러한 결과는 소셜데이터의 민감성(*sensitivity*)이라는 특징을 반영한다. 소셜미디어는 개별 사안에 민감하게 반응하고, 이러한 특성은 소셜미디어를 유력한 마케팅 수단으로 자리매김할 수 있도록 한다. 변이 C는 롯데홈쇼핑의 비리 관련 징계에 대한 버즈가 증가한 것이다. 소셜데이터의 민감성은 소셜미디어를 마케팅 채널로서만이 아닌, 기업의 위기를 전파하는 매체도 될 수 있다는 점을 상기시킨다. 마지막으로 변이 D는 방탄소년단이 제작한 냉장고바지를 판매한 롯데홈쇼핑 방송 관련 버즈량 증가로, 앞선 루시드폴 앨범 판매방송과 마찬가지로 홈쇼핑이 가진 방송의 특성과 소매의 특성을 적절하게 잘 활용한 사례이다.

3) TV홈쇼핑 사업자별 감성분석

감성분석은 자연어 처리기술에 기반하여 소셜미디어의 텍스트 데이터를 긍정, 보통, 부정으로 분류함으로써 사용자들의 의견을 분석하는 작업이다. 2016년 TV홈쇼핑 사업자들과 관련한 소셜데이터를 대상으로 감성분석을 실시한 결과, 평균적으로 긍정적 시각(20.3%)이 부정적 시각(18.2%)보다 다소 우세한 것으로 나왔다. 상대적으로는 사업자 중에서 NS홈쇼핑에 대한 긍정적 버즈의 비율이 제일 높았고, 롯데홈쇼핑의 경우에는 부정적 버즈의 양이 압도적이었다(〈그림 2-7〉 참고). 이는 임직원의 비리 이슈 및 갑질 논란과 관련한 롯데홈쇼핑의 처벌을 다룬 보도가 영향을 미친 것이라 할 수 있다. 〈그림 2-8〉은 롯데홈쇼핑을 대상으로 한 소셜데이터 감성분석 추이를 보여 주는데, 롯데홈쇼핑이 연관된 부정적 보도가 본격적으로 나오기 시작하는 4월부터

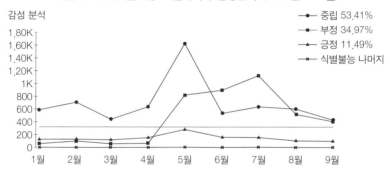

〈그림 2-7〉 TV홈쇼핑 사업자별 소셜데이터 감성분석 (2016년 1~9월)

	부정	긍정	중립	식별불능
홈쇼핑(전체) 98,532	18.17%	20.25%	61.50%	〈1%
CJ오쇼핑 27,230	12.49%	14.79%	72.62%	〈1%
롯데홈쇼핑 11,705	34.80%	11.53%	53.54%	〈1%
현대홈쇼핑 5,704	13.11%	21.25%	65.59%	〈1%
GS홈쇼핑 5,665	12.78%	19.05%	68.07%	〈1%
NS홈쇼핑 2,678	13.03%	23.90%	63.03%	〈1%

〈그림 2-8〉 롯데홈쇼핑 소셜데이터 감성분석 (2016년 1~9월)

감성 분석

- 중립 53.41%
- 부정 34.97%
- 긍정 11.49%
- 식별불능 나머지

부정적 소셜데이터도 급증했음을 확인할 수 있다.

이러한 롯데홈쇼핑에 대한 부정적 인식은 연관어-감성분석에서도 나
타났다. 각 사업자의 상호를 키워드로 하여 해당 상호와 동시에 사용된
단어 중 상위 20개를 분석하였다. 〈그림 2-9〉에서 볼 수 있듯이 롯데
홈쇼핑에게서는 부정적 연관어(검은색 배경으로 표시)가 다른 사업자에
비해 많이 나타나며, 특히 '갑질'이라는 단어는 롯데홈쇼핑의 연관어 상
위 20개 중에만 포함되었음을 알 수 있다.

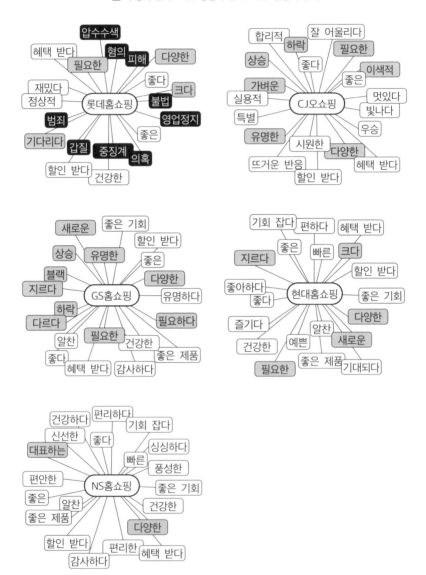

〈그림 2-9〉 TV홈쇼핑 사업자별 연관어-감성분석 (2016년 1~9월)

■: 부정적 인식 　▨: 중립적 인식 　□: 긍정적 인식

3. 모바일 TV홈쇼핑에 대한 소비자 인식

모바일 쇼핑이 증가하는 추세에 맞춰 TV홈쇼핑 사업자들도 소비자에게 TV홈쇼핑 모바일앱의 사용을 적극 권장한다. 2015년 이후 TV홈쇼핑계의 성장이 둔화된 것도 모바일에 대한 TV홈쇼핑 사업자의 관심을 높이는 원인 중 하나다. 모바일 사업은 TV홈쇼핑에 비해 채널 사용 수수료나 방송 송출, 마케팅 등에서의 비용을 크게 줄일 수 있어 TV홈쇼핑 사업자의 집중 투자부문이 되고 있다.

모바일 홈쇼핑은 TV홈쇼핑의 결제 수단으로 널리 활용되어 왔다. 최근 TV홈쇼핑 사업자들의 주요한 전략 중 하나는 이러한 모바일을 통한 접근이 TV홈쇼핑의 보조 역할을 넘어서서 독립적인 구매 채널로서 자리 잡도록 하는 것이다. 따라서 쇼핑에 있어서 모바일의 비중이 커진다는 점, 그리고 모바일이 현재 TV홈쇼핑 업계의 중요한 화두라는 점에서 소비자가 모바일 TV홈쇼핑에 갖는 인식을 탐색하는 것은 중요한 의미가 있다.

TV홈쇼핑에 대한 소비자들의 인식을 대상으로 한 앞선 연구와 마찬가지로 인터넷 포럼(커뮤니티), 블로그, 인스타그램, 페이스북, 트위터로부터 소셜데이터를 수집하였으며, 데이터의 분석에서는 소셜매트릭스 및 자체개발한 수집 도구를 활용하였다. 소셜데이터 수집을 위한 키워드로는 "홈쇼핑"이라는 키워드와 함께 "모바일" 또는 "앱"이라는 단어를 동시에 포함하도록 하였다.

수집 대상 기간은 2015년에서 12개월, 2016년에서는 9개월이었다. 그러나 9개월에 걸친 2016년의 데이터가 2015년 1년간의 데이터보다

<표 2-2> 모바일 TV홈쇼핑 관련 소셜데이터 수집정보

키워드	홈쇼핑 + 모바일, 홈쇼핑 + 앱
데이터소스	인터넷 포럼(커뮤니티), 블로그, 인스타그램, 페이스북, 트위터
수집 대상 기간	2015년 1월 ~ 2016년 9월
수집 도구	소셜매트릭스(Socialmetrics), 자체개발한 수집 도구
결과	2015년 4.3만 건, 2016년 6만 건

<그림 2-10> 모바일 TV홈쇼핑 소셜데이터의 긍정적 · 부정적 범주

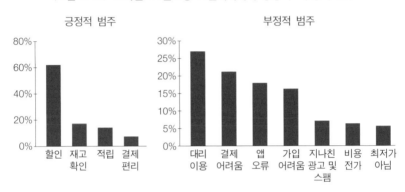

더 많이 수집되었다. 이는 2016년 들어 사업자들이 모바일 전략을 더 적극적으로 추진하였으며 소비자의 TV홈쇼핑 모바일앱의 사용도 증가하였다는 것을 반영한다.

모바일 TV홈쇼핑 확산이 초기단계라는 점을 고려하여 사업자별 분석보다는 모바일 TV홈쇼핑에 대한 전반적 인식을 파악하고자 하였다. 더 구체적인 데이터 분석을 위해 2016년 소셜데이터 6만 건을 대상으로 텍스트 분석을 실시하여 데이터를 범주화하였다. 그 결과, <그림 2-10>과 같이 모바일 TV홈쇼핑과 관련된 11개의 범주가 도출되었고, 이 중에서 긍정이 4개(할인, 재고확인, 적립, 결제편리), 부정이 7개 범주

(대리이용, 결제 어려움, 앱 오류, 가입 어려움, 지나친 광고 및 스팸, 비용전가)로 나타났다.

제일 많이 언급된 긍정 범주는 '할인'으로, 모바일앱을 통한 결제에 부여되는 할인 혜택과 관련이 있다. 반면 부정적 버즈로서 가장 많이 언급된 범주는 '대리이용'이다. 대리이용은 현재 TV홈쇼핑의 주요한 소비자라 할 수 있는 중장년층이 모바일앱을 통한 결제에서 어려움을 경험하여 그 자녀에게 대신 결제를 부탁하는 것을 의미한다. 이러한 분석 결과는 현재의 TV홈쇼핑 모바일앱이 독립적인 모바일커머스 채널이라기보다는 TV홈쇼핑의 부가적인 기능을 담당하며, 그러한 기능조차 주요 소비자인 중장년층에게는 사용하기 어렵게 인식됨을 보여준다고 해석할 수 있다. 두 번째로 많이 언급된 부정적 범주가 '결제 어려움'이라는 것은 이러한 해석을 뒷받침한다. 그 외에도 '가입 어려움' 또한 주된 부정적 범주로 나타난다는 점에서 현재의 TV홈쇼핑 모바일앱은 사용 편의성 측면에서 소비자들에게 부정적으로 인식된다고 할 수 있다.

그 외에 긍정적 범주를 살펴보면 모바일앱의 장점이라고 할 수 있는 정확한 정보(재고확인)와 편리한 결제방법 등을 확인할 수 있다. 결제에 대한 긍정과 부정의 시각이 공존하는 것은 사용자의 정보기술 활용 역량에 따른 차이에 기인한다고 예상된다. 긍정적 범주의 '적립'은 TV홈쇼핑 사업자가 모바일앱 사용을 권장하고자 시행하는 모바일앱 포인트 적립정책을 반영하는 것이라 할 수 있다.

부정적 범주의 '앱 오류'는 모바일앱의 기술적 불완전성을 의미하므로 지속적으로 모바일앱을 개선할 필요가 있음을 알 수 있다. 소비자에게 불필요하다고 인식되는 광고나 과다한 정보량은 스마트폰의 작은 화면을 고려할 때 한층 더 부정적으로 받아들여질 수 있다. 따라서 '지나친 광고 및 스팸'에 대한 부정적 소비자 인식은 모바일앱의 기술적 개선과 더불어 내용 면에서도 역시 개선이 필요함을 보여 준다. 한편 '비용전가' 범주는 모바일앱을 통한 구매가 더 저렴한 것이 TV홈쇼핑 사업자가 납품업체에게 그 비용을 전가한 탓일 수 있다는 인식을 나타낸다. 이는 TV홈쇼핑 업계에서 최근 부각되었던 '갑질' 논란을 반영한 것으로 업계 전반에 걸쳐 이미지 쇄신이 필요함을 의미한다.

좀더 세밀한 분석을 위해 모바일 TV홈쇼핑에 대한 11개 개념 범주를 대상으로 핵심-주변부분석(core-periphery analysis)을 실시하였다. 사회적 객체(social object)에 대한 사람들의 인식은 핵심요소와 주변부요소로 분류될 수 있다는 시각(Abric, 2001)에 기초하여 11개의 범주를 핵심-주변부로 분류하였다. UCINET이라는 사회관계 분석 도구를 활용하였는데, 이 소프트웨어는 범주 간 동시빈도수(co-occurrence) 매트릭스를 입력 자료로 하여 각 범주의 핵심값(coreness)을 생성하고 그 값에 따라 핵심 및 주변부요소를 분류하여 준다. 그 결과, 3개의 범주(대리이용, 할인, 결제 어려움)가 핵심요소로서 분류되었다(〈표 2-3〉 참고). 부정적 범주인 '대리이용'이 가장 핵심적인 요소였으며, 그 외에 핵심값이 높은 순서로 보면 상위 6개 중 '할인'과 '적립'을 제외하고는 모두 부정적 요소였다. 이를 통하여 모바일 TV홈쇼핑을 바라보는 소비자의 인식에서는 부정적인 시각이 지배적이라는 것을 알 수 있다.

부가적인 분석으로서 범주 간 동시빈도수 매트릭스를 자료로 인지지도를 작성하였다. 최근접 이웃 알고리즘(nearest neighbor algorithm) 방식(Jung & Pawlowski, 2014)을 따라 가장 핵심값이 높은 '대리이용'을 우

<표 2-3> 모바일 TV홈쇼핑 인식의 핵심 · 주변부 분류

주제	핵심값	요소 구분
T6. 대리 이용	0.603	
T8. 할인	0.565	핵심요소
T3. 결제 어려움	0.438	
T1. 가입 어려움	0.367	
T2. 오류	0.358	
T9. 적립	0.122	
T7. 비용전가	0.098	주변부요소
T10. 재고 확인	0.085	
T11. 결제 편리	0.068	
T5. 최저가 아님	0.024	
T4. 지나친 광고	0.013	

선 중심에 놓고 대리이용과 동시빈도수가 제일 높은 범주를 연결한 후, 다시 그 범주와 동시빈도수가 높은 다른 범주를 연결하는 방식으로 인지지도를 완성하였다. 〈그림 2-11〉은 인지지도와 더불어 범주 간의 연결을 설명할 수 있는 소셜데이터의 예시를 보여 준다.

'결제 어려움'과 '대리이용'은 주요한 부정적 범주로서 서로 연결되는데(④), 이는 주요한 사용자 그룹인 중장년층이 모바일앱을 통한 결제를 어렵게 느끼고 자녀에게 결제 과정을 부탁하는 현실을 반영한다. '결제 어려움'과 '앱 오류'의 연결(②)은 그러한 결제의 어려움이 아직 안정되지 않은 모바일앱의 기술적 환경으로 발생함을 보여 준다. 또한, '지나친 광고'와 '앱 오류'의 연결(①)은 사용자가 앱을 활용하는 과정에서 모바일앱에서 제공되는 광고나 과잉 정보에 방해를 받음으로써 실수가 발생할 수 있음을 의미한다.

'대리이용'과 '최저가 아님' 사이의 연결(⑤)은 모바일앱 결제를 대신

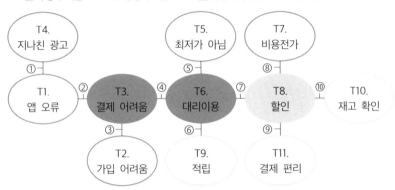

〈그림 2-11〉 모바일 TV홈쇼핑에 대한 인지지도

■: 부정적 핵심요소   : 긍정적 핵심요소   □: 부정적 주변부요소   : 긍정적 주변부요소

번호	연결	사례
①	T1. - T4.	아 진심 홈쇼핑 뭐 앱 깔아서 어쩌고 하면 할인해 준다느니 그딴 ○소리 좀 안 했음 좋겠다. 앱을 멀쩡하게 만들든지 오류를 없애든지 광고는 시도 때도 없이 오고
②	T1. - T3.	오늘 부모님이 홈쇼핑 모바일 결제 도와 달라 해서 해봤는데 결제 누르니 NH카드 앱이 떠서 핀번호를 입력했더니 핀번호 관리 방식이 바꼈다고 해서 입력하니 오류… 에휴… 짜증
③	T2. - T3.	엄마가 모바일 홈쇼핑으로 뭐 산대서 옆에서 어떻게 하는지 보는데 진짜 결제 하는 게 뭐 이리 힘드냐… 깔으라는 것도 많고ㅠ.ㅠ 가입도 힘들게 하셨는데ㅠ.ㅠ
④	T3. - T6.	엄마가 홈쇼핑에 파는 고등어를 앱으로 구매해 달라 길래 했는데… 이거 하나 결제하겠다는데 뭐 이리 입력하라는 게 많고 어려운지…
⑤	T5. - T6.	엄마가 시켜서 발뮤다 주문하려고 했는데, 홈쇼핑보다 ssg핫딜이나 인터넷 사이트에서 더 저렴하게 나오더라구요ㅋㅋㅋ
⑥	T6. - T9.	우리집은 홈쇼핑 사는데 모바일로 하면 5% 더 적립해 준다고 자꾸 나한테 주문을 시킨다. 짜증난다
⑦	T6. - T8.	엄마가 엄청 갖고 싶어하는 청소기가 홈쇼핑에 떴는델ㅋㅋ 아빠가 나한테 전화해서 앱으로 결제하면 10%할인이라며 빨리 주문하랰ㅋㅋㅋ
⑧	T7. - T8.	홈쇼핑에서 구매할 때 인터넷이나 모바일로 사면 납품업체에서 내야 하는 수수료가 더 많았어? 헤… 그래서 모바일만 추가할인 더 해주는구나
⑨	T8. - T11.	TV홈쇼핑을 보다가 암막 커튼 3세트를 CJmall 앱을 통해서 할인받고, 카카오페이로 한 15초만에 3개의 결제를 한번에 완료했다
⑩	T8. - T10.	홈쇼핑에서 괜찮은 티셔츠를 팔길래 주문할랬더니… 내가 원하는 사이즈는 매진이래… 그래도 혹시나 하고 앱을 깔았더니 원하는 사이즈가 남아 있네 ㅋㅋㅋ 앱이라 할인까지 대박

하는 자녀들이 다른 온라인 소매사업자가 제시하는 가격을 검색, 비교하는 것을 의미한다. 이는 TV홈쇼핑 사업자가 '최저가' 마케팅 전략을 빈번하게 사용하는 한편, 가격의 비교가 용이해짐으로써 최저가 확인이 실시간으로 가능하다는 점, 그리고 TV홈쇼핑 사업자가 제시한 가격이 실제 최저가가 아니라는 사실이 확인된다는 점을 반영한다. 그러므로 TV홈쇼핑 사업자들은 최저가 마케팅 전략을 신중하게 구사할 필요가 있다. 실제 최저가가 아닌 것으로 확인될 경우, TV홈쇼핑에 대한 소비자의 신뢰가 추락할 수 있기 때문이다. '대리이용'과 연결된 '적립'(⑥)은 부모의 요청에 따라 자녀가 모바일앱 사용을 맡음으로써 좀더 효과적으로 포인트를 적립하는 상황을 반영한다.

'할인'과 '비용전가'의 연결(⑧)은 TV홈쇼핑 사업자가 모바일앱에서 저렴한 제품을 판매할 수 있는 것이 납품업체에게 그 비용을 전가시키기 때문이라는 부정적 시각이 반영된 결과라고 할 수 있다.

4. TV홈쇼핑 및 모바일 TV홈쇼핑 관련 소셜데이터 분석 결과

이 장에서는 TV홈쇼핑에 대한 소비자들의 인식을 살펴보기 위해 소셜미디어에 나타난 TV홈쇼핑 및 모바일 TV홈쇼핑 관련 버즈를 분석하였다. 소셜미디어에 나타난 TV홈쇼핑 관련 버즈는 전체적으로 긍정과 부정이 비슷한 비중을 차지하였지만, 부정적 이슈에 연관된 사업자에 대해서는 부정적 언급이 훨씬 많았다. 매스미디어에서 보도된 부정적 뉴스가 소셜미디어를 통해 확산되는 경향이 있고, 또한 소셜미디어가 그러한 부정적 뉴스의 원천 역할까지 한다. 이러한 점에서 TV홈쇼핑 업계 역시 소셜미디어를 마케팅 채널로서만 아니라 전략적인 위기관리 수단으로 활용할 필요가 있다고 할 수 있다.

루시드폴 앨범 판매방송이나 방탄소년단의 냉장고바지 판매방송 사례와 관련된 소셜데이터 분석은 TV홈쇼핑이 엔터테인먼트와 커머스를 결합한 콘텐츠를 통해 소비자의 호감도를 높일 수 있음을 보여 주었다. 이러한 성공적 사례는 새롭게 주목받는 엔터커머스(엔터테인먼트＋E커머스)의 흐름에서 이해할 수 있으며, 방송과 커머스의 속성을 모두 갖는 TV홈쇼핑 사업자가 다른 E커머스 사업자들에 대하여 경쟁적 우위를 가진 분야라고 볼 수 있다. 따라서 TV홈쇼핑 사업자들은 미래를 위한 대안으로 엔터커머스 콘텐츠를 통한 사업을 고려할 수 있다.

모바일 TV홈쇼핑에 대한 버즈는 대리이용, 결제 어려움, 과다 정보 및 광고 등 부정적 내용이 다수를 차지하였다. 이는 TV홈쇼핑의 주요한 소비자층인 중장년층에게 모바일앱 사용이 용이하지 않다는 것을 의미한다. 또한 모바일 TV홈쇼핑이 독립적 채널로서 자리매김하지 못한 채, 여전히 TV홈쇼핑의 결제 수단이라는 보완적 기능에만 머물러 있다는 점도 확인할 수 있다. 이는 TV홈쇼핑 모바일앱의 전반적인 개선이 절실하다는 것을 의미한다. 가장 기초적인 노력으로서 소비자의 모바일 사용 로그데이터 분석이나 불만사항 분석 그리고 모바일앱 소비자 평가의 지속적 실시 등을 실천할 필요가 있다.

제3장

TV홈쇼핑 산업의 규제

박주연
한국외국어대학교 미디어커뮤니케이션학부

TV홈쇼핑 산업은 방송이라는 플랫폼을 기반으로 상품 공급업체와 소비자(시청자)를 연결시키는 산업으로서 구조적으로는 방송과 유통의 양 측면을 동시에 가진다. TV홈쇼핑 사업자는 상품을 기획·개발·조달하여 방송으로 편성·제작·송출하며, 소비자는 TV홈쇼핑 채널을 통해 얻게 된 정보를 바탕으로 집에서 전화 등을 통해 상품을 구매할 수 있다. 실시간 TV홈쇼핑은 전국의 시청자를 대상으로 대량 판매가 가능하고, 상품 공급업체로부터 이에 대한 판매수수료를 받는다. TV홈쇼핑 사업자는 플랫폼에 해당하는 채널을 소유함에 따라 방송 영역의 규제를 받게 되며 공급받은 상품을 소비자(시청자)에게 판매하는 유통업자로서의 지위도 가지므로 복합적으로 규제를 적용받는다.

 TV홈쇼핑 사업자는 채널을 기반으로 시청자에게 프로그램(상품광고)을 제공한다는 점에서는 일반 방송 채널 사업자와 비슷한 역할을 하지만 플랫폼 사업자에게 송출수수료를 지불한다는 점에서 일반 방송 채

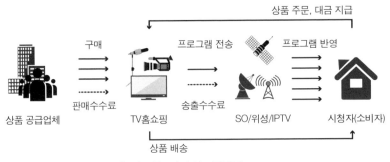

〈그림 3-1〉 TV홈쇼핑 산업의 구조

상품 주문, 대금 지급

구매 프로그램 전송 프로그램 반영

판매수수료 송출수수료

상품 공급업체 TV홈쇼핑 SO/위성/IPTV 시청자(소비자)

상품 배송

자료: 미래창조과학부(2014). "공영TV홈쇼핑 승인 정책방안".

널 사업자와는 거래 구조가 다르다. 시청자에게 TV홈쇼핑은 상품 및 서비스 구매를 위한 유통매체로서의 역할, 쇼핑에 필요한 정보를 제공하는 서비스 역할 그리고 광고 채널로서의 기능을 수행한다. TV홈쇼핑은 미디어를 통해 판매 서비스를 직접 제공하기 때문에 판매할 제품에 대한 개발·주문·배송 과정에서 필요한 정보를 책임지고 관리하는 역할 또한 담당하게 된다(이종원·박민성, 2011).

기술의 발달에 따라 양방향 데이터홈쇼핑, 즉 T커머스도 등장했다. T커머스는 디지털TV 및 디지털 셋톱박스를 갖춘 이용자를 대상으로 상품정보 검색, 구매, 결제 등의 상거래를 할 수 있도록 제공되는 양방향 서비스를 의미한다. 시청자가 TV홈쇼핑을 이용할 때에는 실시간으로 홈쇼핑 채널을 시청하면서 전화로 상품을 주문하지만, T커머스를 활용하면 디지털케이블TV, 위성방송, IPTV 등의 가입자가 리모컨 조작 등을 통하여 TV로 직접 상품이나 서비스를 구매할 수 있다는 기술적 차이가 존재한다.

1. TV홈쇼핑 사업자의 법적 지위

TV홈쇼핑 사업자는 〈방송법〉에 준거하여 상품 소개와 판매에 관한 전문 편성을 하는 방송 채널 사업자로서 법적 지위를 가진다(〈방송법〉제9조 제5항). 따라서 TV홈쇼핑 사업자는 등록제로 관리되는 일반 방송 채널 사업자와는 달리 법이 정한 기한 내에 재승인을 받아야 하며 〈방송법〉상의 시청자 권리 보호 및 방송의 공적 책임에 대한 의무도 갖게 된다. TV홈쇼핑 방송은 상품 판매를 목적으로 하므로 광고적 특성이 크지만 송출하는 내용물의 성격은 방송 프로그램으로 해석된다. TV홈쇼핑 방송의 내용 심의는 다른 방송 프로그램에서와 마찬가지로 사업자가 자율적으로 시행하지만, 문제가 발생한 경우에는 방송통신심의위원회가 사후심의를 담당하게 된다. 방송통신심의위원회는 〈방송법〉 제32조 및 제33조에 근거하여 〈상품 소개 및 판매방송 심의에 관한 규정〉을 TV홈쇼핑 방송의 심의 기준으로 사용한다.

　TV홈쇼핑 사업자는 상품을 다수의 공급업체로부터 제공받아 판매하는 '대규모유통 사업자'이기도 하다. 따라서 대규모유통업에서의 공정한 거래질서를 제고하고 TV홈쇼핑 사업자와 상품 공급업체가 대등한 위치에서 상호 보완적으로 발전할 수 있도록 〈대규모유통업에서의 거래 공정화에 관한 법률〉(이하 "대규모유통업법")을 적용받는다.

　또한 TV홈쇼핑 사업자는 유통업을 통해 이익을 창출하는 만큼 소비자를 보호하기 위한 노력을 수반하여야 하며, 이를 위하여 소비자 권리 보호 영역으로부터의 규제도 적용을 받는다. 이와 관련한 규정은 〈전자상거래 등에서의 소비자 보호에 관한 법률〉(이하 "전자상거래법") 그리고 〈표시·광고의 공정화에 관한 법률〉(이하 "표시광고법") 등에 명시되어 있다.

2. 국내 TV홈쇼핑 산업의 연혁과 현황

TV홈쇼핑은 1995년 케이블TV의 등장과 함께 문을 열었다. 유료방송에 TV홈쇼핑 채널을 도입하여 수신자 편의성을 확대하고 방송 채널 사업자 시장의 성장을 견인하는 한편, 유통 구조 등을 개선할 수 있다는 긍정적인 차원이 고려되었다. 반면 기존 유통 구조에 미치는 부정적인 영향, 소비자의 과소비 조장이나 불만의 급증 문제를 우려하는 시각도 공존했다. 이에 따라 국내 TV홈쇼핑 산업은 소수의 사업자를 선정하고 해당 사업자에게 공적 의무를 부과하는 방향으로 정책이 수립되었으며, 2개의 사업자에게 사업 승인을 내어 줌으로써 시작되었다.

이후 TV홈쇼핑 산업은 급성장을 거듭하였는데, 기존 2개 사업자의 초과 이윤이 과도하다는 의견 등이 제기되면서 신규 사업자 진입의 필요성이 대두되었다. (구) 방송위원회는 TV홈쇼핑 산업의 활성화와 소비자 이익의 극대화라는 정책 목표를 기치로 삼고 2000년 11월 〈홈쇼핑 PP 추가 승인 기본계획〉을 의결하여 추가적으로 3개 사업자의 TV홈쇼핑 시장 진입을 승인하였다.

2006년 중소기업 중심의 우리홈쇼핑이 롯데그룹에 인수되면서 TV홈쇼핑 관련 정책은 전환기를 맞이한다. 농축산 식품에 특화된 농수산홈쇼핑(현 NS홈쇼핑)을 제외한 4개 TV홈쇼핑이 모두 대기업 계열인 구조

〈그림 3-2〉 초기 TV홈쇼핑 사업자의 모습

HSTV(현 CJ오쇼핑)   하이쇼핑(현 GS홈쇼핑)

자료: CJ오쇼핑, GS홈쇼핑 홈페이지.

로 사업자 구도가 형성되면서 중소기업 제품 판로가 감소한다는 비판이 제기되었다. 정책 당국은 중소기업 제품 판매 활성화를 위한 정책이행 권고사항 등을 공표하고 TV홈쇼핑의 중소기업 제품 편성을 확대하도록 유도하는 정책을 내놓았다. 2011년에는 중소기업 제품에 특화된 TV홈쇼핑 사업자의 추가 시장 진입이 승인되었다. 2015년에는 제7홈쇼핑으로서 공영홈쇼핑이 개국하였다. 공영홈쇼핑은 이윤 활용·수수료 수준 등 구체적 문제에서 민간기업과는 차별화된 구조를 기반으로 TV홈쇼핑의 공적 기능을 강화하려는 차원에서 도입되었다.

이와 같은 과정을 통하여, 현재 국내 TV홈쇼핑은 GS홈쇼핑, CJ오쇼핑, 현대홈쇼핑, 롯데홈쇼핑, NS홈쇼핑, 홈앤쇼핑, 공영홈쇼핑 등 7개의 사업자(2017년 9월 기준)로 이루어져 있다.

T커머스는 2012년 ㈜케이티하이텔의 K쇼핑을 시작으로 2015년 이후 해당 사업자가 증가하면서 더블유쇼핑, 에스케이브로드밴드, 쇼핑엔티, 신세계 티비쇼핑, 케이티하이텔 등 5개 사업자(2017년 8월 기준)가 운영 중에 있다. 아울러 GS홈쇼핑, CJ오쇼핑, 현대홈쇼핑, 롯데홈

<표 3-1> 국내 홈쇼핑 사업자 총괄 현황

법인명	채널명	구분	개국일자
CJ오쇼핑	CJ오쇼핑	TV홈쇼핑	1995.8.
	CJ오쇼핑플러스	T커머스	2015.5.
GS홈쇼핑	GS SHOP	TV홈쇼핑	1995.8.
	GS MY SHOP	T커머스	2015.7.
우리홈쇼핑	롯데홈쇼핑	TV홈쇼핑	2001.9.
	롯데원티브이	T커머스	2015.3.
현대홈쇼핑	현대홈쇼핑	TV홈쇼핑	2001.11.
	현대홈쇼핑+Shop	T커머스	2015.4.
NS쇼핑	NS홈쇼핑	TV홈쇼핑(농축수산물 특화)	2001.9.
	NS Shop+	T커머스	2015.12.
홈앤쇼핑	홈앤쇼핑	TV홈쇼핑(중소기업 제품 특화)	2012.5.
공영홈쇼핑	아임쇼핑	TV홈쇼핑(공영)	2015.7.
케이티하이텔	K쇼핑	T커머스	2012.8.
더블유쇼핑	W쇼핑	T커머스	2013.10.
에스케이브로드밴드	Btv쇼핑	T커머스	2015.1.
쇼핑엔티	쇼핑엔티	T커머스	2015.11.
신세계티비쇼핑	신세계 쇼핑	T커머스	2015.11.

자료: 이선희(2017). 〈통계로 보는 홈쇼핑방송 환경의 변화〉.

<그림 3-3> 실시간 TV홈쇼핑과 T커머스의 구조 비교

TV홈쇼핑

T커머스

자료: 미래창조과학부(2013). 〈중소기업 TV홈쇼핑 정책 개선방안〉.

58

<표 3-2> 홈쇼핑 사업자의 방송 채널 사업자(PP) 내 방송매출 비중 추이

단위: 억 원, %

구분		2012년	2013년	2014년	2015년	2016년	연평균 증감률
전체 PP(억 원)		55,480	60,756	63,067	62,224	63,801	3.6%
홈쇼핑 PP	방송매출(억 원)	30,288	34,145	34,728	32,506	34,264	3.1%
	PP 내 비중(%)	54.6	56.2	55.1	52.2	53.7	-
TV홈쇼핑	방송매출(억 원)	30,286	34,063	34,438	31,972	32,869	2.1%
	PP 내 비중(%)	54.6	56.1	54.6	51.4	51.5	-
T커머스	방송매출(억 원)	2	83	290	533	1,395	419.8%
	PP 내 비중(%)	0.0003	0.1	0.5	0.9	2.2	-

자료: 정보통신정책연구원(2017). "TV홈쇼핑사 주요 영업편성 통계요약('16년도)".

쇼핑, NS홈쇼핑은 2015년에 T커머스 채널을 추가로 개국하여 두 가지 유형의 홈쇼핑 방송을 송출하기 시작하였다. 〈방송법〉상 홈쇼핑 사업자는 생방송 위주의 TV홈쇼핑 사업자와 동영상 메뉴로 구성되는 T커머스 사업자로 분류된다.

T커머스를 포함한 TV홈쇼핑의 방송 매출은 최근 5년간 연평균 3.1% 증가하여 2016년에는 3조 4,264억 원을 기록하였다. 2013년 3조 4,145억 원을 기록한 후 거의 정체된 양상이지만 TV홈쇼핑의 시장 내 위치, 즉 TV홈쇼핑이 방송 채널 사업자 내에서 차지하는 비중은 상당히 높다. 전체 방송 채널 사업자 중 TV홈쇼핑의 매출 비중은 2013년 56.1%를 정점으로 2016년에는 51%대로 낮아졌으나 여전히 절반 이상을 차지하는 수준이다. 또한 최근 T커머스 채널의 매출 성장이 가시적이다. 2015년 여러 채널이 T커머스 방송을 시작하였으며, 2016년 기준 방송 채널 사업자 중 비중은 2.2%로 아직 낮으나 방송매출은 전년 대비 161% 증가하여 눈에 띄는 성장세를 보여 준다(〈표 3-2〉 참고).

송출수수료는 유료방송 플랫폼이 TV홈쇼핑 채널을 송출해 주는 대가로 지불받는 수수료이다. 전체 홈쇼핑 사업자가 유료방송(케이블 TV, IPTV, 위성방송) 사업자에게 지불한 송출수수료는 2014년 1조 383억 원에서 2015년에는 1조 1,347억 원으로 증가 추세를 보여 준다(방송통신위원회, 2016). TV홈쇼핑 사업자는 TV홈쇼핑 특유의 구조로 인해 송출수수료, 배송비, 카드수수료, 콜센터 운영비, 방송발전기금 등과 같은 특수비용을 지불하는데, 특수비용 중 유료방송 플랫폼 사업자에게 지불하는 송출수수료 비중이 점차 높아지는 추세이다. 송출수수료는 기본적으로 개별 사업자 간의 협의사항에 해당한다. 송출수수료 협상에서 중요한 것은 수수료 가격의 결정 기준과 가격 결정에 영향을 미치는 여러 요인이다. 가격 결정에 영향을 주는 요인은 업체 및 개별 협상 과정에서 달라질 수 있으나 일반적으로 주된 요인 중 하나는 바로 '채널 경쟁'이다. 개별 협상 과정에서 타 홈쇼핑 사업자의 채널 진입 의사, 해당 지역 경쟁 플랫폼의 가입자 증감 추세, 지역별 인근 채널 대역·조건의 변화 등이 변수로 작용한다. 송출수수료 산정과 관련된 다양한 지표가 참고요인으로 존재하지만 명확한 산출 기준이 없어 지속적으로 갈등이 발생하는 이슈이다. 한편 TV홈쇼핑은 상품 공급업체의 상품을 판매하는 대가로 판매수수료를 받는다. 공정거래위원회 발표에 따르면 2016년 TV홈쇼핑의 계약서상 수수료율(명목수수료율)은 33.2%로 2015년에 비하여 소폭 감소했으며, 2011년 조사 이후로 감소하는 추세인 것으로 나타났다.

3. TV홈쇼핑 산업의 규제 현황

1) 진입 규제와 (재)승인

TV홈쇼핑 시장에는 진입 규제가 있다. TV홈쇼핑 사업자는 〈방송법〉 제16조(허가 및 승인 유효기간)에 의거해 (재)승인을 받아야 한다. 〈방송법〉에 전체적인 (재)승인 심사 기준 및 절차가 명시되어 있으며, 구체적인 심사항목의 배점 비중 등은 심사 당시의 규제 동향에 따라 달라지기도 한다.

2015년에는 현대홈쇼핑, 롯데홈쇼핑, NS홈쇼핑, 그리고 2016년에는 홈앤쇼핑의 재승인 심사가 이뤄졌다. 2015년 실시된 TV홈쇼핑 3개사의 심사항목을 구체적으로 보면, ① 방송평가위원회 방송평가 결과, ② 방송의 공적 책임 · 공정성 · 공익성 실현 가능성(과락제 적용항목), ③ 방송 프로그램의 기획 · 편성 및 제작 계획의 적절성, ④ 지역적 · 사회적 · 문화적 필요성과 타당성, ⑤ 조직 및 인력 운영 등 경영 계획의 적정성, ⑥ 재정 및 기술적 능력, ⑦ 시청자 권익 보호 실적 및 계획, ⑧ 방송 발전을 위한 지원 계획의 이행 여부 및 향후 계획, ⑨ 〈방송법〉에 따른 시정명령 횟수와 시정명령 불이행 사례 등 9개의 심사항목으로 구성된다. 총 1,000점 중 650점 이상, 과락항목 배점의 50% 이상을 획득해야 재승인을 받을 수 있다. 또한 심사항목 중에서 방송평가위원회 방송평가 결과의 비중(35%)이 가장 높은 것으로 나타났다.

공정거래위원회(2016)는 2016년 "3대 중점 관리 과제"에 TV홈쇼핑의 불합리한 관행 근절을 포함시켰으며, 재승인 요건의 엄격한 부과원

<표 3-3> 2015년 TV홈쇼핑 3개사 재승인 심사 기준 및 배점

심사항목	배점
1. 방송평가위원회 방송평가 결과	350
2. 방송의 공적 책임·공정성·공익성의 실현가능성(과락 적용)	200
3. 방송 프로그램의 기획·편성 및 제작 계획의 적절성	80
4. 지역적·사회적·문화적 필요성과 타당성	70
5. 조직 및 인력운영 등 경영계획의 적정성	90
6. 재정 및 기술적 능력	60
7. 시청자 권익보호 실적 및 계획	100
8. 방송 발전을 위한 지원 계획의 이행 여부 및 향후 계획	50
9. 〈방송법〉에 따른 시정명령 횟수와 시정명령 불이행 사례	감점
총점	1,000

자료: 미래창조과학부(2015). "TV홈쇼핑 3개사 재승인 결정".

칙을 발표했다. 이와 함께 'TV홈쇼핑 정상화 추진 정부 합동 특별전담 팀'을 구성하여 불공정행위를 대상으로 정부 합동점검을 실시하기도 하였다. 2016년 9월에 열린 국무조정실 국가정책조정회의에서는 〈TV홈 쇼핑 불합리한 관행 개선방안〉에서 재승인 심사 기준에 "불합리한 관행과 관련된 별도 항목 신설", "불공정거래행위에 대한 배점 확대 추진", "재승인 심사항목 중분류 수준까지 확대, 불공정거래행위는 소분류 수준까지 공개"한다는 개선안을 제시했다. 이와 같은 일련의 흐름은 TV 홈쇼핑의 재승인 요건을 강화하는 움직임으로 요약되며, 실제 2017년 재승인 심사 대상이었던 TV홈쇼핑 2개사(GS홈쇼핑, CJ오쇼핑)의 심사 기본계획에도 그대로 반영되었다. 4)

4) 정부는 심사평가 항목을 기존에 비해 세부적으로 공개하였다. 과락이 적용되는 공적 책임 항목의 하부에 "공정거래 관행 정착·중소기업 활성화 기여 실적 및 계획의 우수성(160점)" 을 포함시켰고, 기존 200점이던 공적 책무 항목의 배점을 20점 증가시켰다.

<표 3-4> 2018년 TV홈쇼핑 재승인 심사 기준 및 배점

심사사항 및 심사항목	공영	민영
1. 방송평가위원회 방송평가 결과	325	325
2. 방송의 공적 책임·공정성·공익성의 실현 가능성 및 지역적·사회적·문화적 필요성과 타당성	105	105
2-1. 방송의 공적 책임·공정성·공익성 이행 실적 및 향후 계획의 우수성	(60)	(60)
2-2. 지역사회 발전·공익사업 기여 실적 및 계획의 우수성	(40)	(40)
2-3. 시청자위원회의 방송 프로그램 평가	(5)	(5)
3. 공정거래 관행 정착·중소기업 활성화 기여 실적 및 계획의 우수성 (과락 적용)	240	230
3-1. 공정거래 관행 정착 실적 및 계획의 우수성	(100)	(100)
3-2. 중소기업 활성화·유통 산업 기여 실적 및 계획의 우수성	(140)	(130)
4. 방송 프로그램의 기획·편성 및 제작 계획의 적절성	50	60
4-1. 방송 프로그램 기획·편성·제작 실적 및 계획의 우수성	(10)	(15)
4-2. 시청자 평가/정보 프로그램 편성 실적 및 계획의 우수성	(10)	(15)
4-3. 비상업적 공익광고 편성 실적 및 계획의 우수성	(10)	(10)
4-4. 상품 구성·확보 실적 및 계획의 우수성	(20)	(20)
5. 조직 및 인력 운영 등 경영 계획의 적정성	70	70
5-1. 조직·인력 관리 실적 및 계획의 적정성	(20)	(20)
5-2. 직원 훈련교육 실적 및 계획의 적정성	(20)	(20)
5-3. 경영 투명성 확보 실적 및 계획의 적정성	(30)	(30)
6. 재정 및 기술적 능력	60	60
6-1. 재무적 안정성과 수익성	(20)	(20)
6-2. 추정 재무제표의 적정성 및 실현 가능성	(10)	(10)
6-3. 방송시설·기술 운용 실적 및 투자 계획의 적절성	(30)	(30)
7. 시청자·소비자 권익 보호 실적 및 계획	100	100
7-1. 시청자/소비자 불만 처리기구의 독립성·실효성 확보 및 계획의 우수성	(30)	(30)
7-2. 소비자 보호 실적 및 계획의 우수성	(70)	(70)
8. 방송 발전을 위한 지원 계획의 이행 여부 및 향후 계획	50	50
8-1. 방송 발전 기여 의지	(25)	(25)
8-2. 방송영상 산업 육성 기여실적 및 계획의 우수성	(25)	(25)
9. <방송법>에 따른 시정명령 횟수와 시정명령 불이행 사례	감점	감점
총점	1,000	1,000

자료: 과학기술정보통신부(2017). "TV홈쇼핑(공영, 롯데) 재승인 심사 기준".

2018년 승인 유효기간 만료를 앞둔 공영홈쇼핑과 롯데홈쇼핑의 재승인 심사 기준에서는 "공정거래 관행 정착과 중소기업 활성화"에 대한 사항이 강화된 것을 확인할 수 있다. 배점 기준에서 별도로 대분류되었던 지역적·사회적·문화적 필요성과 타당성 항목을 방송의 공적 책임 대분류와 합치고 "공정거래 관행 정착·중소기업 활성화 기여 실적 및 계획의 우수성" 심사항목을 대분류로 신설한 것이다. 항목 배점 또한 공영홈쇼핑 240점, 롯데홈쇼핑 230점으로 늘어났다. 아울러 기존 공적 책무 영역에 적용되었던 과락 기준도 공정거래 관행 정착과 중소기업 활성화에 적용되는 것으로 변경되었다.

TV홈쇼핑 재승인 기준을 강화하는 일련의 움직임은 대규모유통업자의 지위를 가진 TV홈쇼핑이 중소 납품업체와의 공정한 거래 환경을 갖추고 상생을 위해 협력해야 한다는 책임과 역할을 방송 사업자로서의 공적 책임을 통해 강조하는 방향이라고 평가된다.

2) 제품 편성 규제

TV홈쇼핑 사업자는 방송하는 제품에 대한 편성 규제를 적용받는다. 모든 사업자에게 동일하게 적용되는 것은 아니지만, 중소기업 제품 편성 비중, 주시청시간대(프라임타임) 중소기업 제품 편성 비중, 수수료 형태별 중소기업 제품 편성 비중, 농축수산물 편성 비중 등과 관련된 규제가 이에 해당된다. 또한 재승인 심사 시에도 "방송 프로그램의 기획·편성 및 제작 계획의 적절성" 항목에 이러한 규제가 적용된다. 중소기업 제품 편성 비중에 대한 명확한 가이드라인을 제시받는 곳은 설립

<표 3-5> TV홈쇼핑의 중소기업 제품 편성 비율 (2016년)

단위: %

구분	중소기업 제품 편성 비율							
	GS	CJ	현대	롯데	NS	홈앤	공영	평균
전체 편성 시간 중	54.6	55.9	63.9	66.1	62.3	80.3	100.0	69.2
전체 프라임타임 중	53.7	52.1	62.0	59.3	63.8	73.5	100.0	66.8

자료: 미래창조과학부(2017). "TV홈쇼핑사 주요 영업편성 통계요약('16년도)".

취지가 분명한 홈앤쇼핑과 공영홈쇼핑 그리고 롯데홈쇼핑이다. 홈앤쇼핑은 중소기업 제품에 특화된 사업자이니만큼 연간 전체 편성시간에서 80% 이상을 중소기업 제품(프라임타임 동일)에 할당해야 하며, 롯데홈쇼핑은 65% 이상(프라임타임 중 55% 이상)을 중소기업 제품으로 편성해야 한다. 기타 TV홈쇼핑 사업자는 재승인 심사 당시 제출한 편성 비율 이행 정도의 달성 여부로 평가받는다.

TV홈쇼핑이 중소기업 제품을 판매한 이후 수령하게 되는 판매수수료체계는 크게 정률수수료, 정액수수료, 혼합수수료가 있다. 정률수수료는 제품 판매가에서 일정 비율의 판매수수료를 징수하는 것이며, 정액수수료는 프로그램 단위로 일정 금액의 판매수수료를 받는 것이다. 혼합수수료는 정률·정액수수료를 혼합하여 판매수수료를 책정하는 형태이다. 방송 중 매출에 따라 수수료를 받는 정률 방식과 달리, 정액 방식은 상품 공급업체가 TV홈쇼핑 방송의 특정 시간대를 구매하는 식으로 이루어진다. TV홈쇼핑 입장에서 정액 방식은 제품의 판매 정도와 상관없이 안정적으로 수수료를 확보할 수 있는 방법이다.

TV홈쇼핑에서 정액수수료 방식을 채택한 방송이 등장한 것은 2004년에 보험이 상품으로서 등장하고부터이다. 보험은 방송 중의 전화 상

〈표 3-6〉 TV홈쇼핑의 판매수수료 형태별 중소기업 제품 편성 시간 (2016년)

단위: 분

구분	판매수수료 형태별 중소기업 제품 편성 시간							
	GS	CJ	현대	롯데	NS	홈앤	공영	합계
정률수수료	204,714	229,670	283,674	271,688	220,294	401,217	525,850	2,137,107
정액수수료	23,019	3,899	51,869	28,022	10,178	9,721	0	126,708
혼합수수료	56,104	42,717	0	44,315	86,316	9,236	0	238,688

자료: 미래창조과학부(2017). "TV홈쇼핑사 주요 영업편성 통계요약('16년도)".

담이 곧 구매 및 결제로 이어지지 않는다는 상품의 특성상 정률 방식으로 수수료를 산정하기 어려웠기 때문에 보험사가 방송 시간대를 구매하여 상품을 판매하였던 것이다. 이후 정액수수료 방송은 상품 공급업체가 자사 상품을 홍보할 수 있는 수단 등으로 성장하기도 했지만, TV홈쇼핑 사업자가 중소기업과 정액수수료 방송 계약을 맺는 사례가 등장하면서 개선해야 할 불공정거래의 일부로 인식되어 규제가 이루어졌다. 2016년 기준으로 공영홈쇼핑은 100% 정률수수료제를 채택하고 있으며 홈앤쇼핑도 정률수수료의 비중이 95% 정도를 차지한다. 기타 TV 홈쇼핑 사업자는 중소기업 제품 편성 중에서 정률수수료 비중이 69.5~84.5% 수준이다.

농축수산물 편성 비중은 농축수산물에 특화된 NS홈쇼핑에게 적용되는 사항으로, NS홈쇼핑은 분기별 농축수산물 편성 비중을 60% 이상으로 유지해야 한다.

3) 심의 규제

TV홈쇼핑은 방송 프로그램으로 분류되며 〈상품 소개 및 판매방송에 관한 규정〉에 따라 방송통신심의위원회에 의해 사후심의를 받는다. 해당 규정에는 일반기준, 가격표시, 품목별 기준, 금지 및 제한 규정에 대한 광범위한 내용이 포괄적으로 제시되며, 시청자와 소비자를 보호하기 위한 목적이 나타나 있다.

심의에 관한 일반원칙은 크게 다섯 가지로 구성된다. 첫째, 상품 소개 및 판매방송은 구매에 영향을 미치는 중요한 정보를 생략하여서는 안 되며, 지나치게 작은 글자로 자막고지를 하거나 짧은 시간 또는 빠른 속도로 고지하는 등 시청자가 명확하게 알기 어려운 방식으로 고지하여서도 안 된다.

둘째, 상품 소개 및 판매방송은 진실하여야 하며, 허위 또는 기만적인 내용을 방송하여서는 안 된다.

셋째, 상품 소개 및 판매방송은 시청자가 합리적으로 구매할 수 있도록 정확한 정보를 제공하여야 하며, 근거 불확실한 표현을 사용하거나 성분, 재료, 함량, 규격, 효능, 가격 등에 있어 시청자를 오인하게 하여서는 안 된다.

넷째, 상품 소개 및 판매방송은 부분적으로는 사실이지만 전체적으로 시청자가 오인할 우려가 있는 내용을 방송하여서는 안 된다.

마지막으로 상품 소개 및 판매방송은 상품과 관련된 동일한 사항에 대하여 자막, 음성 또는 소품을 통하여 서로 다른 정보를 제공함으로써 시청자를 오인하게 하여서는 안 된다. 이상 다섯 가지의 일반원칙을 바탕으로 더 세부적인 내용들이 규정된다.

방송통신심의위원회(2017)는 백서 등을 통해 TV홈쇼핑은 소비자 및 시청자의 소비생활에 영향을 미치며 직접적으로 경제적 피해를 야기할 수 있는 만큼 내용의 진실성이 중요함을 강조한다. 그러므로 TV홈쇼핑 내용의 '진실성'과 관련해서는 특별히 시기를 두지 않고 엄격하게 심의해 오고 있음을 적시한다.

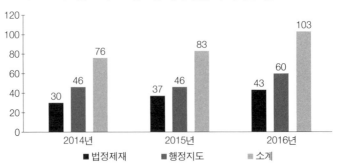

〈그림 3-4〉 TV홈쇼핑 제재사유별 의결 현황 추이 (건 수)

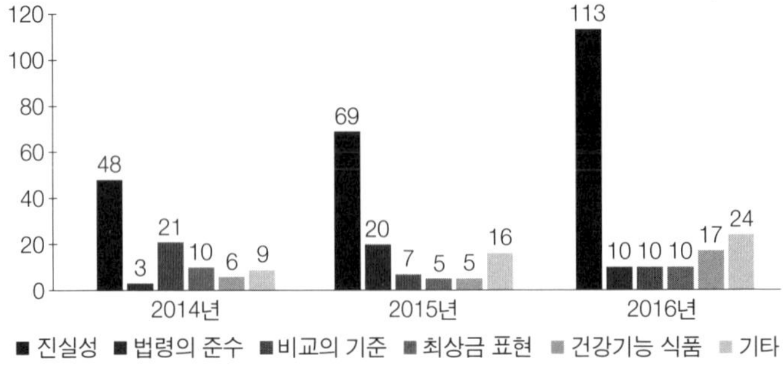

자료: 방송통신심의위원회(2017). 《제3기 방송통신심의위원회 백서》.

〈그림 3-5〉 TV홈쇼핑 제재 현황 추이 (건 수)

주: 공영홈쇼핑은 제외된 수치이다.
자료: 방송통신심의위원회(2017). 《제3기 방송통신심의위원회 백서》.

구체적으로 방송통신심의위원회의 심의 관련 제재사유의 현황을 살펴보면 TV홈쇼핑의 '진실성 위반'이 가장 높은 비중을 차지한 것으로 나타났다. 진실성 위반에 대한 제재란 허위·기만·오인·과장 등으로 소비자의 합리적인 소비를 저해할 우려가 있는 내용을 대상으로 심의, 행정지도 및 법정제재를 의결한 것이다. 관련 규정 위반 건수를 연도별로 살펴보면 2014년 48건, 2015년 69건, 2016년 113건으로 나타났다.

최근 사회적으로 건강이나 웰빙, 다이어트에 대한 관심이 높아지면서 식품이나 건강기능식품을 판매하는 방송에서 해당 상품이 질병의 예방 및 치료에 효능·효과가 있다거나 의약품으로 오인·혼동될 우려가 있는 표현을 사용하여 진실성 관련 조항과 함께 '식품' 및 '건강기능식품' 관련 심의 규정을 위반한 사례가 꾸준히 지적된다(방송통신심의위원회, 2017). 2014년에는 기능성 화장품 및 건강기능식품을 소개·판매하는 상품 판매방송에 대해 9건의 법정제재와 8건의 행정지도가 있었고, 2016년에도 4건의 행정지도와 6건의 법정제재가 있었다. 그 외 비교의 기준, 최상급 표현, 법령의 준수 등이 제재사유 중에서 높은 비중을 차지했다.

4) 〈방송법〉상의 금지행위

방송통신위원회는 TV홈쇼핑과 상품 공급업체 간에 발생할 수 있는 제작비 관련 불공정 사항을 방지하고자 〈방송법〉을 개정하여 금지행위를 신설하였다. 〈방송법〉 제85조의 2(금지행위) 제1항 제7호에 따르면 TV홈쇼핑은 상품 공급업체에게 상품 판매방송의 일자, 시각, 분량 및 제작비용을 불공정하게 결정, 취소 또는 변경하지 못한다. 방송통신위원회는 방송 사업자가 금지행위를 한 경우에 해당 사업자에게 금지행위의 중지, 계약 조항의 삭제 또는 변경, 금지행위로 인하여 시정조치를 명령받은 사실의 공표 등 시정조치를 명할 수 있다. TV홈쇼핑 사업자가 방송 편성을 조건으로 방송 일시, 분량을 현저히 불리하게 결정하거나 이미 결정한 방송 일시 및 분량을 변경하는 행위 등을 금지하고자 하는 것이다.

5) 〈대규모유통업법〉상의 규제

〈대규모유통업법〉은 TV홈쇼핑 전반에 적용된다.[5] TV홈쇼핑은 대규모유통업자라는 지위를 가지기 때문에 상품 공급업체와의 계약 과정에서 법적으로 준수해야 하는 사항들이 존재하며, 크게는 다음 7가지 사항의 규정을 적용받는다.

첫째, 서면계약체결 의무이다. 상품 공급업체는 방송 진행을 위해 방송 일정, 수수료율, 판촉행사비용 등을 결정해야 하는데, 동법에 따라 방송일 이전에 계약서를 체결해야 한다.

둘째, 상품 공급업체에게 판매촉진비용 부담을 전가할 수 없도록 금지한다. 상품 공급업체는 TV홈쇼핑과 상호 협의하여 판매촉진행사를 진행할 수 있으나 해당 비용에서 제품 공급업체의 부담은 법령으로 규

---

[5] 대규모유통업에서의 공정한 거래 질서를 확립하고 대규모유통업자와 상품 공급업체가 대등한 지위에서 상호보완적으로 발전할 수 있도록 2011년 11월에 〈대규모유통업법〉이 제정되었다.

정된 50%를 넘지 않는 한도 내에서 적용되어야 한다. 따라서 행사 진행 이전에 판촉행사 신청서를 수령하여 판촉행사의 기간과 비용을 정확히 분담해야 한다.

셋째, 상품판매대금 지급 기한을 준수해야 한다. TV홈쇼핑은 상품판매대금 지급 기한(월 판매마감일로부터 40일 이내)을 준수해야 하는데 실제 지급 기한은 내부 원칙에 따라 TV홈쇼핑별로 상이하다.

넷째, 대금 감액 금지이다. TV홈쇼핑 사업자는 방송 진행 상품이 계약 내용과 다르거나 상품 공급업체의 책임 있는 사유로 인하여 오손·훼손되었거나 하자가 발생한 경우 등 정당한 사유가 있는 경우 이외에는 상품 공급업체의 대금을 감액해서는 안 된다.

다섯째, 배타적 거래 금지이다. TV홈쇼핑과 거래하는 상품 공급업체는 해당 홈쇼핑뿐만 아니라 오프라인, 오픈마켓, 동종 TV홈쇼핑사와도 판매 계약을 할 수 있다. 〈대규모유통업법〉은 타사와의 거래 조건을 이유로 해당 협력사를 불리하게 하거나 판매를 억제하는 일체의 행위를 금지한다.

여섯째, 상품 공급업체에 대한 경영정보 제공 요구 금지이다. TV홈쇼핑은 상품 선정의 과정이 중요한데, 이 과정에서 상품 공급업체로 하여금 부당하게 중요한 경영정보를 요구하거나 실제로 취득하는 일체의 행위를 금지한다.

마지막으로 상품 공급업체에게 경제적 이익을 제공할 것을 요구해서는 안 된다. TV홈쇼핑 사업자는 정당한 사유 없이 상품 공급업체 등에게 자기 또는 제3자를 위하여 금전, 물품, 용역, 그 밖의 경제적 이익을 제공하도록 할 수 없다.

<표 3-7> TV홈쇼핑 사업자의 <대규모유통업법> 적용 현황

적용 내용	근거법령
서면계약체결 의무	· <대규모유통업법> 제6조(서면의 교부 및 서류의 보존 등) · <대규모유통업법> 시행령 제2~4조(서면 기재사항, 계약 내용의 확인, 통지 및 회신의 방법)
판매촉진비용 부담 전가 금지	· <대규모유통업법> 제11조(판매촉진비용의 부담전가 금지) · <대규모유통업법> 시행령 제9조(판매촉진비용의 부담에 관한 약정사항)
상품판대대금 지급 기한 준수	· <대규모유통업법> 제8조(상품판매대금의 지급)
대금 감액 금지 의무	· <대규모유통업법> 제7조(상품대금 감액의 금지)
배타적 거래 강요 금지	· <대규모유통업법> 제13조(배타적 거래 강요 금지)
경영정보 제공 요구 금지	· <대규모유통업법> 제14조(경영정보 제공 요구 금지)
경제적 이익 제공 요구 금지	· <대규모유통업법> 제15조(경제적 이익 요구 금지)

2015년 TV홈쇼핑 6사는 <대규모유통업법> 위반으로 과징금과 시정
명령 등의 제재를 받았다.[6] 당시 공정거래위원회가 밝힌 홈쇼핑사의
불공정행위는 협력사에 방송계약서 미교부 및 지연교부, 구두발주, 판
매촉진비용 부당 전가, 부당한 경영정보 요구, 수수료 수취방법 변경
등 불이익 제공, 모바일 주문 유도를 통한 수수료 불이익 제공, 부당한
경제적 이익 제공 요구, 상품판매대금 등의 미지급 또는 지연지급 등이
었다.

공정거래위원회(2017)는 2017년 7월 유통분야 표준거래계약서 및

---

[6] 공정거래위원회는 TV홈쇼핑 6사에게 <대규모유통업법>을 적용, 시정명령과 함께 과징금
143억 6,800만 원을 부과하기로 결정했다. 이에 대해 현대홈쇼핑과 NS홈쇼핑을 제외한
GS홈쇼핑, CJ오쇼핑, 롯데홈쇼핑, 홈앤쇼핑은 공정거래위원회를 상대로 해당 명령을 취
소해 달라는 소송을 제기했다. GS홈쇼핑은 2017년 1월 23일 서울고등법원의 일부승소판
결을 받았으며, 4월 대법원 판결에서도 2심의 판결이 유지되면서 공정거래위원회로부터
과징금의 상당 부분을 돌려받았다. 2심(2017년 8월)까지 진행된 CJ오쇼핑의 소송도 과징
금 처분 취소판결이 내려졌고, 롯데홈쇼핑·홈앤쇼핑도 대법원 판결을 기다리고 있다.

<表 3-8> <전자상거래법>과 <표시광고법>상의 TV홈쇼핑 규제 적용 현황

법령	적용 현황
<전자상거래법>의 규제	· 사업자가 소비자에게 상품을 판매할 때 단계별 준수사항을 상품 판매 전, 판매(청약), 판매 후 단계에 걸쳐 적용. · 상품 판매 전에는 통신판매업 신고, 구매안전서비스 등의 가입, 판매 단계에서는 판매자 정보 표시, 거래 조건 및 상품정보 표시 등. 판매 후 단계에서는 청약철회 등을 보장.
<표시광고법>의 규제	· 소비자의 합리적 상품 구매를 위해 거짓·과장 광고, 기만표시, 비방표시 등을 금지.

TV홈쇼핑 심사 지침을 개정하여 불공정거래행위의 유형을 추가하였다. TV홈쇼핑사가 상품 공급업체에게 종편채널 등을 통한 간접광고를 하도록 하면서 이에 소요되는 판매촉진비용을 상품 공급업체에게 전가시킬 우려가 있기 때문에 간접광고비용을 약정 없이 또는 이 비용의 50%를 초과하여 상품 공급업체에게 부담시키는 행위를 불공정거래행위 유형으로 추가하였다. TV홈쇼핑사가 건강식품 제조업체로 하여금 자신의 방송에서 판매할 건강 상품과 관련하여 종편채널의 건강 프로그램에서 간접광고를 하도록 하고 이에 소요되는 비용을 납품업자가 부담하도록 한 사례가 이러한 개정의 계기가 되었다. 대형유통업체가 광고비 등 판매촉진비용의 50%를 초과하여 상품 공급업체에게 부담시키는 행위는 판매촉진비용의 부담 전가 금지 원칙에 위반되기 때문이다.

6) 소비자 권리 보호 규제

TV홈쇼핑은 기타 유통업체와 마찬가지로 <전자상거래법>과 <표시광고법> 등의 법률에 따른 규제를 적용받는다. <전자상거래법>은 TV홈쇼핑 사업자가 소비자에게 상품을 판매함에 있어 단계별 준수사항을 상품 판매 전, 판매(청약), 판매 후의 각 단계에 걸쳐 적용하도록 규제한다. 판매 전에는 통신판매업 신고, 구매안전서비스 등에 가입해야 하며, 판매 단계에서는 판매자의 정보 표시, 거래 조건 및 상품정보의 표시 등을 준수해야 한다. 판매 후 단계에서는 청약철회 등을 보장해야 한다. 〈표시광고법〉은 소비자가 상품을 합리적으로 구매할 수 있도록 사업자의 거짓·과장 광고, 기만표시, 비방표시 등을 금지한다.

4. TV홈쇼핑 산업의 규제 방향

국내 TV홈쇼핑 산업은 1995년 이후 괄목할 만한 성장을 거두었고 미디어 산업 내에서 차지하는 비중과 중요도도 크다. 미디어 생태계의 변화 속에서 홈쇼핑 산업의 내외적인 환경도 새로운 국면을 맞고 있다. 홈쇼핑 산업은 내적으로 공영홈쇼핑과 T커머스 등 신규 채널이 증가하여 치열한 경쟁 체제에 들어섰다. 외적으로는 모바일 쇼핑 환경의 보편화와 해외 직구 등의 증가로 방송 플랫폼에 기반을 둔 TV홈쇼핑의 한계를 논의하는 목소리도 제기된다. 또한 TV홈쇼핑 산업의 구조적 문제점으로 인해 여전히 다양한 이슈가 나타나는데, 변화하는 환경을 바탕으로 홈쇼핑 산업의 특수성이 다각적 측면에서 검토될 필요가 있다.

TV홈쇼핑은 '방송 영역'과 재화 시장의 '유통 영역'이 중첩된 독특한 지점에 서 있다. TV홈쇼핑은 방송, 유통, 광고, 소비자 등 산업의 서로 다른 측면에서 〈방송법〉, 〈대규모유통법〉, 〈전자상거래법〉, 〈표시광고법〉 등 다양한 법규 및 규제기구의 규제 대상이 된다. 방송의 공적 책임 및 시청자의 복지와 선택권 등이 중시되는 방송 영역과 수익성 및 소비자 보호 등에 초점을 맞추는 유통 영역에서 동시에 발생하는 이슈는 빈번하게 정책의 갈등과 충돌로 나타나기도 한다(이종원·박민성, 2011).

TV홈쇼핑 산업과 관련된 이슈는 TV홈쇼핑 사업자 - 상품 공급(납품) 업체, TV홈쇼핑 사업자 - 유료방송 사업자, TV홈쇼핑 사업자 - 소비자(시청자) 간의 영역에서 중점적으로 나타난다. 먼저 TV홈쇼핑 사업자와 상품 공급업체 간의 공정거래 관행을 정착시키려는 목적의 규제가 중요하다. TV홈쇼핑과 상품 공급업체 간 상품 유통·거래 관행과 관련된 이슈는 〈방송법〉에 기반한 '재승인'과 '금지조항' 그리고 〈대규모유통업법〉을 통한 7가지의 '의무 및 금지조항' 등을 통해 복합적으로 규제된다. 또한 TV홈쇼핑 사업자의 재승인 심사에서 관련 사항의 준수 여부에 대한 비중은 커지는 추세이다. 해당 사업자들은 '신의성실의 원칙'에 따라 각자의 거래상 의무를 신의에 따라 성실하게 이행해야 하고, 규제의 목적 또한 TV홈쇼핑 사업자와 상품 공급업체가 상호 대등한 관계에서 공존할 수 있는 방향을 모색하려는 데에 있다. 사회적으로 기업의 윤리경영은 매우 중요하다. 미디어가 사회에 미치는 영향이 큰 만큼 미디어 기업의 사회적 책임은 더 중대하다. 상호 공정한 거래 관행을 유지하기 위한 홈쇼핑 업계의 자율적 노력이 확산되어 금지행위 규제 조항이 산업의 제한 조치가 아닌 보완책으로 작동할 수 있을 만큼의 개선이 필요하다.

TV홈쇼핑 산업에서 소비자(시청자) 권리 보호 이슈 역시 중요한데,

TV홈쇼핑 사업자가 소비자(시청자)의 '합리적인 소비'를 유도하는 과정이 특히 중요하다. 시청자와 소비자를 보호하기 위한 '장치'로서 TV홈쇼핑의 허위·과장 광고에 대한 규제기구의 심의제재는 증가하는 추세이다. 시청자가 상품을 신뢰하고 구매할 수 있도록 내부적인 견제와 자체 심의를 견고히 할 필요가 있다. 자율적으로 작동하는 소비자(시청자) 보호가 TV홈쇼핑 사업자의 주요 공적 책임의 범위에 포함된다.

TV홈쇼핑 산업은 방송과 유통이 결합된 서비스이기에 방송 환경의 변화와 유통 산업의 변화에 동시에 대응하며 성장해야 한다. TV홈쇼핑 사업자가 1995년 도입 시기부터 지금까지 승인제를 기반으로 채널 사업자로서의 법적 지위를 유지하였던 만큼 향후에도 홈쇼핑 관련 규제의 방향은 TV홈쇼핑 산업의 지속적 성장 및 발전에 미치는 영향이 클 것이다. 특화된 홈쇼핑의 도입 등으로 홈쇼핑 산업계의 다양성이 증가한 만큼 TV홈쇼핑 사업자에게 사업자별 경쟁력을 강화할 수 있는 특화된 규제와 보상을 적용하는 것도 산업 전체의 발전에 바람직한 방향성일 수 있다.

TV홈쇼핑 산업을 둘러싼 규제의 궁극적 목적은 이해관계자 간 공정한 거래 및 유통 환경을 조성하고 소비자(시청자) 권익 보호를 실현하는 것이다. TV홈쇼핑 산업의 구조적 이슈와 연계된 문제를 해결하기 위해서는 사업자별로 자율적인 개선 방안을 모색할 수 있는 환경을 조성하는 것이 중요하다. TV홈쇼핑을 대상으로 한 규제의 이상적 방향은 사업자가 방송의 공적 책임에 기반해 자율적으로 시청자 권익을 보호하고 유통 영역의 공정거래를 실천하는 것이다. TV홈쇼핑 산업 내 이해관계자 사이에 나타나는 갈등 이슈의 양상은 향후 홈쇼핑 산업 구조를 얼마나 공정하고 합리적인 방향으로 이끌어 갈 것인가에 따라 달라질 것이다. 또한 방송과 유통의 복합적 특성을 가진 홈쇼핑 산업의 특수성이 규제 전반에서 함께 고려되어야 하며, 상호 간 이해할 수 있는 합리적 기준을 명확하게 하는 방향으로 규제의 발전을 모색해야 한다.

옴니채널 시대의 TV홈쇼핑 마케팅 전략

최세정
고려대 미디어학부

오늘날 우리는 필요한 제품과 서비스를 어떻게 구매하는가?

정신없이 바쁜 일정 때문에 오늘 저녁 초대받은 친구의 생일 축하파티에 가져갈 선물을 아직 사지 못하여 검색엔진을 이용해 '친구 선물 추천'을 검색하고 다양한 상품광고와 블로그 정보를 본 후 운동화를 사기로 결정한다. 요즘 인기 있는 운동화를 찾기 위해 소셜미디어 애플리케이션에서 '신상 운동화'를 검색한 후 다양한 이미지를 훑어보고 몇 가지 마음에 드는 운동화 브랜드와 모델을 선택한다. 평소 자주 이용하는 소셜커머스나 오픈마켓 애플리케이션을 이용해 해당 운동화의 가격을 검색하는데, 신발 전문 매장의 할인 프로모션 알람을 받아 애플리케이션을 통하여 원하는 운동화를 할인가로 구매하고 약속 장소로 가는 길에 가까운 매장을 확인한 후 지정하여 픽업한다.

혹은 영화를 보기 위해 찾은 쇼핑몰에서 평소 관심이 있던 스마트워치를 착용해 보고 매장 직원으로부터 기능에 대한 설명을 들은 후 구매를 결정한다. 하지만 현재는 품절이 되어서 기다려야 한다는 이야기를 듣고 해외 직구 대행 온라인 쇼핑몰 애플리케이션을 통해 스마트워치를 해외에서 구매하여 배송을 받는다. 영화 시간을 기다리며 들른 카페에서 마음에 드는 의자를 발견해 이미지 기반 검색을 통해 해당 브랜드와 유사한 스타일의 의자를 찾아 가격과 판매처 정보를 확인하여 저장하고 나중에 다시 살펴보기로 한다. 직접 장을 보기에는 일정이 빠듯해 집에 가는 동안 애플리케이션에서 지난 구매목록 중에 필요한 물품만 선택, 재구매하여 당일 배송을 받는다. 집에서 TV 드라마를 시청하던 중 주인공이 착용한 액세서리가 마음에 들어 스마트폰으로 검색하여 상품정보를 얻고 연결된 홈쇼핑 사이트에서 구매하고 배송 받는다. 잠들기 전 좋아하는 유튜버(YouTuber)의 영상을 시청하다가 추천하는 화장품을 온라인 쇼핑몰에서 검색해 보고 비슷한 제품들도 사용 후기가 좋은 것을 본 후 나중에 매장에서 실제로 모두 이용해 보고 하나를 선택해 구매하기로 한다. 같은 쇼핑몰에서 지난번에 구매하여 사용한 화장품에 대한 후기를 남기고 포인트를 받아 적립한다.

이상의 예는 우리가 제품이나 서비스에 대해 알게 되고 정보를 얻고 구매를 결정하고 실제 구입하는 수많은 경로와 경우 중 극히 일부만을 보여 줄 뿐이다. 스마트폰의 확산과 정보통신기술의 일상화는 쇼핑 패러다임의 변화를 가져왔다. 우리는 언제 어디서나 원하는 제품 및 서비스의 정보를 얻고 대안을 비교하며 다른 소비자들의 후기를 확인하고 상품을 구매할 수 있다. 또한 구매한 제품과 서비스를 이용한 경험을 다른 소비자들과 공유한다. 이렇게 소비자가 필요와 편리성을 기반으로 시간과 공간의 제약을 받지 않고 다양한 채널을 혼합하여 이용하는 쇼핑 환경은 기업의 전략에도 많은 변화를 일으켰다. 기업은 온라인 혹은 오프라인으로 소비자 경험을 제한하지 않고 소비자가 모바일을 포함한 온라인과 오프라인을 자연스럽게 넘나들며 브랜드를 경험하고 쇼핑을 할 수 있도록 소비자와의 접점(*touch point*) 을 확장하고 있다. 모든 소비자 접점이 연결되고 통합되는 옴니채널(*omni-channel*) 의 시대가 온 것이다. 옴니채널 전략은 단순히 전통적으로 오프라인 기반인 기업이 웹사이트와 모바일 애플리케이션을 구축하여 온라인으로 확장하거나 온라인 기업이 오프라인 매장 및 서비스를 제공하는 것이 아니라 모든 채널을 유기적으로 연결하여 소비자의 경험을 제고하는 것이다.

이 장에서는 다양한 국내외 관련 사례와 학술연구를 바탕으로 급속히 변화하는 쇼핑 환경과 유통기업의 전략을 살펴보고자 한다. 먼저 옴니채널을 중심으로 오늘날의 쇼핑 패러다임을 설명하는 주요 개념과 전략이 무엇인지 알아보고 유통업체의 향후 전략적 중점 방향을 논의하고자 한다. 특히 TV라는 전통적 미디어를 기반으로 함으로써 일반 온라인, 오프라인과 차별화된 쇼핑채널로서 TV홈쇼핑이 가진 특성을 살펴보고 옴니채널 시대에 TV홈쇼핑은 어떤 전략을 필요로 하는지에 초점을 두고 고민해 보고자 한다.

1. 쇼핑 환경과 유형의 변화

인터넷의 발달과 스마트폰 확산은 온라인 쇼핑의 급성장을 가져왔다. 닐슨(Nielsen) 의 보고서에 의하면 2017년 1분기 국내 전자상거래 이용자 수는 3,300만 명에 이른다. 지난해 같은 기간과 비교했을 때 이용자 수는 비슷하지만 사용자의 이용 시간은 11% 이상 증가해 온라인 쇼핑이 더 활발해졌음을 알 수 있다(Nielsen, 2017). 또한 같은 보고서에 의하면 모바일 애플리케이션의 이용 시간이 전체 전자상거래 이용 시간의 66%를 차지하는 것으로 나타나 전자상거래에 있어 모바일 쇼핑의 중요성이 부각된다. 2017년에 발표된 또 다른 보고서에 의하면 조사 시점의 6개월 이내에 인터넷으로 쇼핑을 한 경험이 있는 소비자들에게 주로 이용하는 쇼핑 수단이 무엇인지 물었을 때 스마트폰이라고 답한 소비자(44.2%)가 PC를 이용한다고 답한 소비자(37.7%)보다 더 많은 것으로 나타났다. 2016년의 조사 결과와 비교하면 전반적으로 PC를 기반으로 한 쇼핑은 감소한 반면, 스마트폰과 태블릿 PC를 이용한 모바일 쇼핑은 증가했으며 이 추세는 앞으로도 지속될 것으로 전망되었다(DMC Report, 2017).

쇼핑 환경이 변화하고 그 채널도 다양해지면서 다양한 경로를 넘나들어 이용하며 쇼핑하는 소비자가 늘고 있다. 이러한 새로운 쇼핑 행태를 표현하고자 다양한 개념도 등장했다. '크로스오버 쇼퍼'(crossover shopper)는 온라인, 오프라인 상관없이 여러 매장을 동시에 이용하여 제품과 구매 조건을 비교하면서 쇼핑, 구매하는 소비자를 일컫는다. 전국의 소비자 1,500명을 대상으로 쇼핑 행태를 조사한 결과를 발표한 2016년 보고서에 의하면 국내 소비자의 67%가 크로스오버 쇼퍼로 분류된다(삼정KPMG 경제연구소, 2016). 크로스오버 쇼퍼는 온라인과 오프라인을 모두 활용하는 소비자이며, 나머지 33%에는 오프라인에서 제품 탐색, 정보 수집, 구매를 모두 해결하는 소비자뿐 아니라 온라인에서 모든 구매의사결정 과정을 거치는 소비자도 포함된다. 같은 보고서에서 크로스오버 쇼핑은 대체로 많은 시간과 노력을 필요로 하는 고관여 제품의 구매 과정뿐 아니라 상대적으로 저관여 제품으로 분류되는 식료품, 생활용품 등 소비재의 구매 과정에서도 활발히 이루어지는 것으로 나타났다. 이는 온라인, 오프라인을 모두 활용하는 형태의 쇼핑이 이제 특별한 경우가 아닌 대부분의 구매 상황에 적용되는 전형적 쇼핑 유형이 되었음을 보여 준다.

크로스오버 쇼핑이 증가하면서 특히 온라인과 오프라인 매장을 동시에 이용하는 다양한 형태의 쇼핑 유형을 '쇼루밍'(*showrooming*), '역쇼루밍'(*reverse-showrooming*), '모루밍'(*morooming*), '역모루밍'(*reverse-morooming*)으로 구분한다(김세은·김문영, 2017). 가장 먼저 등장한 개념인 쇼루밍은 오프라인 매장이 제품의 전시장, 즉 쇼룸(*showroom*)이 되는 현상을 표현한 것으로서 소비자가 오프라인 매장에서 제품을 탐색, 경험한 후 온라인에서 구매 조건을 비교하여 합리적인 가격으로 구매하는 유형을 말한다. 책, 가전제품 등 공산품은 대부분 제품이 규격화되어 있어 판매처에 따른 품질의 차이가 적다. 그러므로 매장에서 제품을 충분히 탐색하고 구매를 결정한 후에 온라인에서 여러 매장을 비교하여 할인가를 제시하거나 포인트 및 쿠폰을 이용할 수 있는 곳에서 최종 구매를 하는 쇼루밍이 많이 일어난다. 이러한 유형의 쇼핑을 즐기는 소비자를 '쇼루밍족(族)'이라고 부르기도 한다. 한편 쇼루밍의 반대 유형인 역쇼루밍은 온라인에서 제품정보를 탐색, 비교한 뒤에 오프라인 매장에서 제품을 구매하는 형태를 의미한다. 역쇼루밍은 먼저 온라인에서 제품의 기능, 가격, 사용 후기 등을 탐색하고 다양한 판매처의

<표 4-1> 쇼핑 유형에 따른 소비자 분류

쇼핑 유형		설명
기존 소비자	순수 오프라인 쇼퍼	오프라인에서 제품을 살펴보고 오프라인에서 제품을 구매하는 소비자.
	순수 온라인 쇼퍼	온라인에서 제품 정보를 얻고 온라인에서 제품을 구매하는 소비자.
크로스오버 쇼퍼	쇼루머(쇼루밍족)	오프라인 매장에서 제품을 살펴보고 실제 구매는 온라인이나 전화, 방문판매 등을 이용하는 소비자.
	역쇼루머 (역쇼루밍족)	물건에 대한 정보를 인터넷 등 온라인에서 취합한 뒤 직접 오프라인 매장에서 구매하는 소비자.
	옴니쇼퍼	오프라인과 온라인을 포함하여 사용 가능한 모든 채널에서 정보 수집 및 구매를 하는 소비자

자료: 삼정KPMG 경제연구원(2016). 〈Samjong Insight〉. 제 43권, 8면.

정보를 비교한 후 관심 있는 오프라인 매장을 방문하여 실제로 제품을 체험하고 구매하는 과정이라 할 수 있다. 이러한 쇼핑 유형을 드러내는 소비자를 '역쇼루밍족(族)'이라고 부른다. 〈표 4-1〉은 이러한 쇼핑 유형에 따라 소비자를 분류한 표다.

모루밍은 쇼루밍의 진화된 형태로서 모바일(*mobile*)과 쇼루밍을 합친 단어이다. 오프라인 매장에서 제품을 체험한 후 모바일을 통해 제품을 구매하는 현상을 말한다. 역쇼루밍과 유사하게 역모루밍은 모바일을 통해 제품정보를 탐색한 후 오프라인 매장에서 제품을 구매하는 것을 의미한다. 다시 말하면 모루밍과 역모루밍은 쇼루밍, 역쇼루밍과 유사한 개념이지만 스마트폰 확산으로 인해 PC 기반의 온라인 채널을 대신하며 급속히 성장한 모바일 접점의 중요성을 강조한 개념이라 할 수 있다. 쇼루밍 혹은 역쇼루밍과 마찬가지로 모루밍 및 역모루밍의 쇼핑 유형을 보이는 소비자를 각각 '모루밍족(族)', '역모루밍족(族)'이라고 부른다.

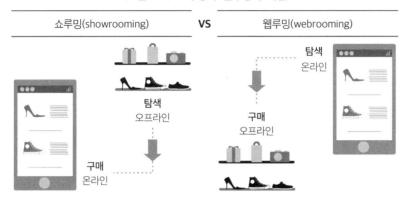

〈그림 4-1〉 쇼루밍과 웹루밍의 개념

| 쇼루밍(showrooming) | VS | 웹루밍(webrooming) |

자료: Dadoo, A.(May, 2014). "Showing or webrooming? - Is one better than the other for a brick & mortar store?" Inc42.

이러한 개념은 국내에서 많이 사용되지만, 〈그림 4-1〉과 같이 해외에서는 모바일을 포함한 온라인에서 먼저 제품을 탐색하고 정보를 수집한 후 오프라인에서 제품을 구매하는 현상을 쇼루밍과 대치되는 개념으로서 '웹루밍'(*webrooming*)이라고 통칭하는 경우가 많다.

앞서 살펴본 쇼핑 유형은 소비자의 구매의사결정 과정에서 온라인, 모바일의 중요성이 증대되는 추세이나 하나의 채널을 배타적으로 이용하기보다는 오프라인, 온라인, 모바일에 기반을 둔 여러 쇼핑채널의 장점을 활용함으로써 상황과 필요에 따라 유연하게 각 채널을 혼합해 이용하는 소비자가 많다는 것을 보여 준다. 쇼루밍족 혹은 모루밍족은 오프라인 매장에서 제품을 탐색한 후 동일한 제품을 온라인이나 모바일에서 구매하되, 같은 매장의 온라인 혹은 모바일 채널에서 구입하기보다는 구매 조건을 비교하고 더 나은 조건을 제시하는 채널을 선택하여 구매하는 경향을 보인다(김세은·김문영, 2017).

2. 소비자 구매의사결정 과정의 변화

소비자 구매의사결정 과정은 전통적으로 〈그림 4-2〉와 같은 깔때기 모형으로 이해되었다. 즉, 하나의 제품군에서 구매를 고려할 때에 소비자는 해당 제품군에 속한 수많은 제품을 인지하고 있더라도 그중 친숙한 제품 여러 개로 구매 후보의 폭을 좁히고, 그중에서도 소수의 제품을 대상으로 구매를 고려하며, 비교 분석을 통해 최종적으로 구매한 제품이 기대에 부응함으로써 만족을 주면 소비자가 충성도를 가질 수 있다는 구조이다. 깔때기 모형은 소비자가 일련의 의사결정 단계를 통해 잠재적 대안인 여러 제품을 고려하여 순차적으로 선택의 폭을 좁혀 가다가 최종적으로 하나의 제품을 결정하는 과정을 보여 준다.

하지만 오늘날 소비자 구매의사결정 과정을 이해하는 패러다임은 소비자 의사결정 여정(consumer decision journey)으로 표현된다. 2009년 맥킨지(McKinsey)에서 처음 제안한 소비자 의사결정 여정은 소비자의 제품이나 서비스 구매의사결정이 순차적인 일련의 과정을 통해 일어나는 것이 아니라 초기 고려, 능동적 평가, 구매 결정, 사후 경험으로 이어지는 순환적 과정으로 발생하며 다양한 미디어와 접점의 영향을 받는다는 것을 강조한다(Court et al., 2009).

소비자는 의사결정 여정을 거치면서 다양한 채널을 통해 제품에 대한 정보와 경험을 얻는다. DMC미디어가 2015년 18개 제품군의 구매 소비자들을 대상으로 단계별 이용하는 채널을 조사한 결과에 의하면, 소비자들은 주로 인터넷 검색, 인터넷 쇼핑몰, 오프라인 매장을 통해 브랜드에 대한 정보를 획득하고 구매에 직접적으로 영향을 미치는 정보

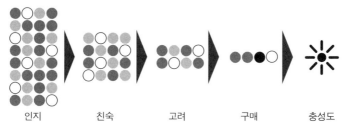

〈그림 4-2〉 소비자 의사결정 과정의 깔때기 모형

인지　　　친숙　　　고려　　　구매　　　충성도

자료: 〈동아비즈니스리뷰〉(2009.8). "소비자 의사결정 '깔때기 모형' 유효성 끝났다".

〈그림 4-3〉 소비자 의사결정 여정

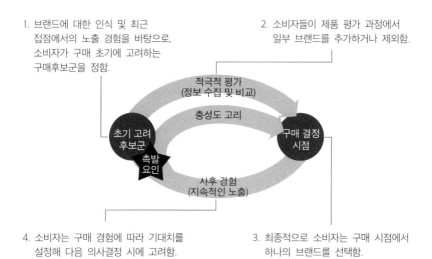

1. 브랜드에 대한 인식 및 최근 접점에서의 노출 경험을 바탕으로, 소비자가 구매 초기에 고려하는 구매후보군을 정함.

2. 소비자들이 제품 평가 과정에서 일부 브랜드를 추가하거나 제외함.

적극적 평가 (정보 수집 및 비교)

충성도 고리

초기 고려 후보군

촉발 요인

구매 결정 시점

사후 경험 (지속적인 노출)

4. 소비자는 구매 경험에 따라 기대치를 설정해 다음 의사결정 시에 고려함.

3. 최종적으로 소비자는 구매 시점에서 하나의 브랜드를 선택함.

자료: 〈동아비즈니스리뷰〉(2009.8). "소비자 의사결정 '깔때기 모형' 유효성 끝났다".

를 만나며, 주로 오프라인 매장과 온라인 쇼핑몰에서 구매하고, 블로그, 기업 웹사이트, 온라인 쇼핑몰 등에서 제품 구매와 이용 경험을 다른 소비자들과 공유하는 것으로 나타났다. 다양한 온라인 채널을 적극적으로 활용한 소비자들의 정보 검색, 획득, 공유가 활발하지만 제품에 대한 결정적 정보를 얻고 직접적 경험과 구매를 하는 데에 있어 오프라인 매장과 구전은 아직 중요한 역할을 하는 것으로 나타났다. 이러한 결과는 기업의 입장에서 소비자의 구매를 유도하기 위해 온라인 채널뿐 아니라 전통적인 채널과 접점들을 활용하는 것이 중요하며, 소비자의 의사결정 경로를 이해하고 각 시점에서 소비자가 기대하며 필요로 하는 정보와 경험을 제공하는 최적의 채널들을 선택, 유기적으로 이용하는 것이 효과적이라는 것을 시사한다.

3. 유통 환경의 변화

전통적으로 오프라인 매장은 소비자의 직접적인 브랜드 경험을 창출하는 가장 중요한 접점으로 역할을 수행해 왔다. 소비자에게 매장은 단순히 제품을 탐색하고 구매하는 장소일 뿐만 아니라 일대일로 서비스를 받고 브랜드를 경험하며 브랜드와 소통하고 관계를 형성할 수 있는 체험의 공간으로서 중요한 의미를 가진다. 또 기업의 시각에서 매장은 판매뿐만 아니라 소비자에게 풍부한 체험과 소통을 제공하고 브랜드 정체성을 효과적으로 전달할 수 있는 복합적 브랜딩 공간으로서 가치가 있다. 하지만 인터넷의 확산은 쇼핑 행태에 큰 변화를 일으켰다. 편리성

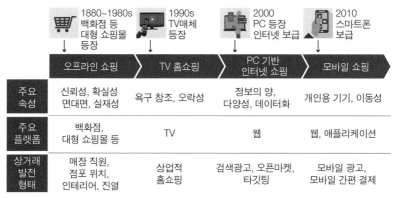

〈그림 4-4〉 쇼핑 시장의 변화

	1880~1980s 백화점 등 대형 쇼핑몰 등장	1990s TV매체 등장	2000 PC 등장 인터넷 보급	2010 스마트폰 보급
	오프라인 쇼핑	TV 홈쇼핑	PC 기반 인터넷 쇼핑	모바일 쇼핑
주요 속성	신뢰성, 확실성 면대면, 실재성	욕구 창조, 오락성	정보의 양, 다양성, 데이터화	개인용 기기, 이동성
주요 플랫폼	백화점, 대형 쇼핑몰 등	TV	웹	웹, 애플리케이션
상거래 발전 형태	매장 직원, 점포 위치, 인테리어, 진열	상업적 홈쇼핑	검색광고, 오픈마켓, 타깃팅	모바일 광고, 모바일 간편 결제

자료: 이보경 · 허정욱 · 김태진(2013.6)에서 재가공.

과 가격 경쟁력에서 강점을 가진 온라인 쇼핑은 급격히 성장하여 오프라인 매장에 위기를 가져왔다(오정아, 2016). 실제로 미국의 대표적 전자제품 유통업체 서킷시티(Circuit City)와 서점 체인 보더스(Borders)가 각각 2009년과 2011년에 도산한 데에는 인터넷 쇼핑의 활성화가 가장 중요한 이유로 작용했다. 또한 2012년 영국에서도 인터넷 쇼핑의 성장과 함께 변화하는 쇼핑 환경에 적응하지 못한 미디어 콘텐츠 유통업체 HMV와 비디오 대여점 블록버스터(Blockbuster) 등 주요 기업이 연이어 도산하였다. 스마트폰과 모바일 쇼핑의 확산은 이러한 유통 패러다임의 변화를 더욱 가속화했다.

국내 쇼핑 시장의 변화는 〈그림 4-4〉에 잘 정리되었다. 과거에 전통적인 상점, 백화점, 쇼핑몰 등에서 면대면 접촉을 통해 제품의 판매와 구입이 이루어진 데 반해, 1995년에 TV홈쇼핑, 1996년에는 인터넷 쇼핑몰이 등장하면서 미디어를 기반으로 한 쇼핑이 주로 급성장했다. 이후 2010년에 스마트폰이 보급, 확산되면서 모바일 쇼핑이 확대되었다.

오프라인 쇼핑에서 PC를 기반으로 하는 인터넷 쇼핑, 이후 스마트폰 등 모바일 기기를 기반으로 하는 모바일 쇼핑으로 진화한 일련의 흐름은 그 정도와 속도의 차이는 있으나 전 세계적으로 유사하게 나타난다. 그러나 TV를 기반으로 한 홈쇼핑이 주요 쇼핑 유형 중 하나로 포함된 것은 국내 쇼핑 시장의 특이한 점 중 하나라고 할 수 있다.

4. 유통 전략의 변화

1) 옴니채널의 개념

다양한 채널의 등장과 쇼핑 행태의 변화는 유통 전략의 변화를 가져왔다. 〈그림 4-5〉에서 확인할 수 있듯이 오프라인 매장 중심의 싱글채널 (*single channel*) 전략은 여러 채널이 발달하면서 각 채널을 독립적으로 운영하는 멀티채널(*multi-channel*) 전략으로 바뀌었다. 이어서 여러 채널을 유기적으로 운영하는 크로스채널(*cross-channel*) 전략으로 진화한 후, 현재는 여러 채널을 소비자 관점에서 유기적·통합적으로 동시에 운영하는 옴니채널(*omni-channel*) 전략이 많이 활용된다(김세은·김문영, 2017).

'옴니채널'은 접두사인 '옴니'(*omni*)와 유통 경로를 의미하는 '채널' (*channel*)이 합쳐진 신조어로서 2011년 미국소매협회(NRT: National Retail Federation)의 보고서, "Mobile Retailing Blueprint 2.0"에서 처음으로 소개되었다. 〈그림 4-6〉에서 보듯이, 옴니채널이란 오프라인 매장, PC 기반 인터넷, 모바일 기기, 소셜미디어, TV홈쇼핑 등 다양한 채널을 유기적으로 연계하여 소비자가 언제 어디서 어떤 채널을 활용하든지 같은 매장에서 쇼핑하는 것 같은 경험을 하도록 통합된 쇼핑 환경을 제공하는 유통 전략으로 이해할 수 있다(김세은·김문영, 2017).

온라인 중심으로 다양한 채널이 등장하면서 멀티채널 전략을 필수로 여긴 오프라인 기업들은 인터넷 사이트나 모바일 애플리케이션을 앞다

〈그림 4-5〉 유통 전략의 변화

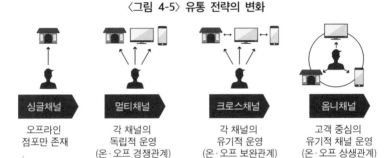

자료: 〈국민일보〉(2014. 9. 15). "온·오프 융합 '옴니채널' 구축 박차… 유통가 '공간·시간의 벽을 부숴라'".

〈그림 4-6〉 옴니채널의 개념

옴니채널의 정의

매장·PC·모바일·TV·카탈로그 등
여러 개의 쇼핑채널을
소비자 중심의 관점에서
각 채널 간에 빈틈없이 유기적으로 결합,
일괄된 쇼핑 경험을 끊김 없이 제공

자료: 〈국민일보〉(2014. 9. 15). "온·오프 융합 '옴니채널' 구축 박차… 유통가 '공간·시간의 벽을 부숴라'".

<표 4-2> 멀티채널과 옴니채널의 비교

	멀티채널 운영	옴니채널 운영
채널 중점	상호적 채널만	상호적, 매스커뮤니케이션 채널 모두
채널 범위	매장, 온라인 사이트, DM(카탈로그), 그 외 기타 채널	매장, 온라인 사이트, DM, 모바일 채널(스마트폰, 태블릿, 애플리케이션), 소셜미디어와 모든 소비자 접점(TV, 라디오, 인쇄매체 등) 포함
채널 분리	중복 없이 분리된 채널	연속된 경험을 제공하는 통합적 채널
고객 관계 중점 (브랜드 vs. 채널)	고객과 채널의 관계 중점	고객과 채널의 관계뿐 아니라 브랜드 중점
채널 운영	채널별	크로스채널
목적	각 채널별 목표(채널당 매출, 경험 등)	채널별 전반적인 고객 경험, 모든 채널의 총매출

자료: Verhoef, Kannan & Inman(2015). From multi-channel retailing to omni-channel retailing: Introduction to the special issue on multi-channel retailing. Journal of Retailing, 91(2), p.176.

뒤 개설하였다. 하지만 멀티채널 전략을 활용하는 기업은 여러 채널을 소유하지만 각 채널을 별도로 관리하고 운영하기 때문에 고객 관련 정보를 채널 간 공유하지 않아 고객 관리가 중복으로 이루어진다. 채널 간 유기적 상호작용이 아니라 오히려 경쟁이 이루어지는 현상도 발생한다(김세은·김문영, 2017). 이러한 다채널 중복현상이 야기하는 문제점의 해결책으로서 등장한 개념이 옴니채널이다. 옴니채널은 온라인, 오프라인을 아울러 여러 채널을 유기적으로 연계하고 통합함으로써 소비자 관점에서 자유롭게 여러 채널을 이용하여 상호작용을 하며 일관된 경험을 할 수 있도록 한다.

<표 4-2>는 기업의 관점에서 멀티채널과 옴니채널 전략이 어떻게 다른지 자세하게 비교한다. 멀티채널 전략은 매스커뮤니케이션 채널 등을 제외한 오프라인 매장, 온라인 사이트, DM 등의 채널에서 각 채널

별로 매출 등 목표를 설정하고 채널 간 결합 없이 고객과 각 채널 간의 관계를 중점으로 분리하여 운영한다. 반면 옴니채널 전략은 소비자와의 접점이 될 수 있는 전체 채널을 아우르는 목표를 설정하고 고객과 각 채널 간의 관계뿐 아니라 브랜드 전체와의 관계에 중점을 두어 각 채널을 유기적으로 연계하고 통합적으로 운영함으로써 소비자에게 연속적인 경험을 제공한다. 제품의 기획, 마케팅, 재고 관리, 운송, 결제, 인수까지 전체 과정에 있어 온라인과 오프라인의 채널을 유기적으로 통합하여 운영하는 것이다.

멀티채널과 옴니채널 외에도 크로스채널 전략이 사용되는데, 이는 멀티채널에서 옴니채널 전략으로 변화하는 과정에서 발생한 과도기적 개념이라고 할 수 있다(김세은·김문영, 2017). 단일 형태의 유통채널로서 오프라인 매장, 온라인 쇼핑몰, TV홈쇼핑 등 하나의 채널만 선택하여 운영하는 싱글채널 전략이 다채널 전략으로서 여러 채널을 함께 운영하는 멀티채널 전략으로 변화하였다. 하지만 멀티채널 전략에서는 각 채널이 유기적으로 결합되지 않기 때문에 소비자 입장에서는 한 브랜드의 여러 채널을 동일한 브랜드로 인식하지 못하여 각 채널 간 경쟁이 발생한다(오정아, 2016). 이러한 단점을 극복하고자 등장한 개념이 크로스채널 전략이다. 크로스채널 전략은 어느 정도의 채널 간 결합을 이룸으로써 소비자가 부분적으로 연속된 쇼핑 경험을 얻을 수 있도록 한다. 예를 들어 온라인으로 구매한 제품을 오프라인 매장에서 환불할 수 있도록 하는 것이다. 하지만 모든 채널의 유기적인 결합까지는 이루어지지 않기에 소비자의 정보가 모든 채널 간 공유되지 않으므로 필요한 서비스를 즉시 사용할 수 없는 경우가 발생하고, 따라서 소비자는 같은 매장 혹은 브랜드가 제공하는 채널 중 어떤 채널들 간에는 분절된 경험을 하게 된다.

이에 비해 옴니채널 전략은 모든 채널을 유기적으로 연결하고 고객 정보를 공유함으로써 소비자가 브랜드 내의 모든 채널을 자유롭게 이용하며 상품을 탐색하고, 정보를 검색하고, 경험을 얻으며, 상품을 구매할 수 있도록 하는 통합적 쇼핑 환경을 제공한다. 앞서 논의했던 소비자 의사결정 여정 패러다임과 연결하여, 유통의 패러다임도 일련의 과정을 단계적으로 거치며 선택의 폭을 좁혀 가는 쇼핑이 아닌, 온라인·오프라인을 넘나들며 정보를 검색하고, 대안을 탐색하고, 다른 소비자의 의견을 구하며, 제품을 직접 경험하고 구매를 결정하며, 구매 후 이용 경험을 공유하는 연속적·순환적인 의사결정 과정 안에 통합된 다채널을 통하여 각 채널의 특성을 살린 적절하고 효과적인 접점을 제공함으로써 전체적으로 일관된 경험을 제공하는 옴니채널 전략으로 전환되는 것이 당연할 것이다.

싱글채널, 멀티채널, 크로스채널, 옴니채널로 이어지는 유통 패러다임의 전환은 주로 오프라인으로 시작한 전통적인 기업을 중심으로 논의되어 왔다. 하지만 온라인 기반 기업들의 괄목할 만한 성장과 오프라인 채널로의 확장은 옴니채널 전략의 확대를 가져왔다. 관련 개념으로 제시되는 'O2O'는 'Online to Offline'의 줄임말로서 온라인(*online*)에서 오프라인(*offline*)으로 연결하여 소비자에게 새로운 가치를 창출하는 전략을 의미한다. 온라인 기업이 오프라인 업체들과 제휴하여 운송, 숙박, 부동산, 배달 등의 서비스를 제공하며 고객 확보와 시장 확대를 도모하는 것이다. 국내에서 잘 알려진 사례로는 카카오 택시, 야놀자, 직방, 배달의민족 등이 있다. O2O는 최근 'O4O'라는 새로운 전략으로 진화하고 있다. 'O4O'는 'Online for Offline'의 줄임말로서 오프라인을 위한 온라인 서비스를 의미한다. 즉, 온라인 기업이 '소비자에게 즉각적이고 편리한 서비스를 제공하는 온라인적 가치'를 창출하는 노하우를 활용하여 오프라인으로 사업을 확대함으로써 새로운 매출을 추구하는 비즈니스 전략이다. O2O는 온라인의 자산을 이용하여 오프라인 서비스를 제공하는 '방향성'과 중개업 성격의 연결성이 핵심인 반면, O4O는 오프라인에 중점을 두어 오프라인에서 새로운 가치와 매출을 창출하고 혁신을 이끌기 위해 온라인의 자산을 활용한다.

O2O와 O4O는 해외에서는 거의 사용하지 않는 개념이지만 실제 사례는 해외에도 풍부하다. 최근 O4O의 대표적인 예로 아마존(Amazon)이 지난해 말 직원들을 대상으로 운영을 시작한 '아마존 고'(Amazon Go)가 많은 관심을 받는다. 오프라인 무인 식료품 매장인 아마존 고를 방문하면 해당 애플리케이션이 자동으로 QR코드를 생성하고, 이를 통해 체크인을 할 수 있다. 매장에서 물건을 선택하여 가지고 나오면 아마존닷컴의 계정정보를 통해 자동으로 제품의 결제가 이루어지며, 영수증은 애플리케이션을 통해 전송된다. 국내에서도 사례를 많이 찾아볼 수 있는데 온라인 서점인 예스24, 알라딘, 인터파크는 모두 오프라인에 진출하여 매장을 설립하였고, 온라인 부동산 중개 서비스인 다방은 오프라인으로 '다방 케어 센터'를 개설하고 온라인에서 제공하던 서비스를 오프라인에서도 제공하여 소비자와 공인중개사를 연결해 주고 맞춤형 상담을 받을 수 있도록 하였다.

O4O 전략의 장점으로는 크게 세 가지를 들 수 있다(김국현, 2017).

첫째, 온라인 기업의 오프라인 매장은 소비자와의 접점을 오프라인으로 확장하여 온라인 서비스를 알지 못했거나 이용하지 않았던 소비자까지 오프라인으로부터 온라인으로 끌어들이는 역할을 할 수 있다. 예를 들어 미국 온라인 안경 유통업체인 와비파커(Warby Parker)와 온라인 남성복 전문업체인 보노보스(Bonobos)는 오프라인 매장을 설립하여 안경과 의류를 직접 착용하고 경험한 후 원하는 제품을 온라인으로 주문할 수 있도록 함으로써 많은 오프라인 방문자가 실제로 온라인 매장을 이용하도록 유도한다. 둘째, 오프라인에서의 경험은 브랜드 정체성 확립에 도움이 된다. 아직 가격 비교에 치중하는 경향이 나타나는 온라인 서비스 이용만으로는 소비자에게 브랜드의 풍부한 정체성을 전달하기 어렵다. 하지만 오프라인 매장에서의 실제적 체험을 바탕으로 소비자가 브랜드 정체성을 이해하고 만족하게 되면 브랜드 가치가 창출되기에 용이하다. 예를 들어 미국 면도기 제품 구독 서비스 업체인 해리스(Harry's)는 오프라인 이발소를 개점하여 소비자가 직접 면도기를 경험하고 추천을 받을 수 있도록 하는 한편, '바터숍'(bartershop)으로 불리는 팝업 매장(pop-up store)을 개설하여 타사 제품을 자사 제품과 교환할 수 있도록 함으로써 소비자의 구매를 유도하고 브랜드 정체성을 알린다. 셋째, 오프라인 매장에서 소비자 반응을 직접 목격하고 수집할 수 있다. 온라인에서의 상호작용을 통해 실시간으로 소비자의 반응을 추론할 수도 있지만 오프라인 매장에서 제품이나 서비스를 직접 탐색하고 경험하는 소비자의 반응은 중요한 추가 정보가 되어 온라인 서비스의 향상에도 기여할 수 있다.

이렇듯 O4O는 온라인과 오프라인의 경계를 허물고 상호보완적으로 온라인 및 오프라인을 운영하며 일관된 브랜드 경험을 소비자에게 제공한다는 점에서 옴니채널의 개념과 닮았다. 즉, O2O는 단순히 온라인과 오프라인을 연결하는 서비스인 반면, O4O는 온라인과 오프라인의 융합에 더 가깝다. 하지만 옴니채널은 O2O나 O4O가 가진 온라인·오프라인의 이분법적 채널 구분 및 온라인 기업 중심의 전략이라는 한계에 머무르지 않는다. 옴니채널은 기업의 태생이 온라인인지 혹은 오프라인인지와 관계없이 온라인·오프라인 상의 다양한 채널을 통합적으로 관리하는 전략이다. 이를 통해 소비자는 어떤 채널을 이용하든지 제품 탐색, 정보 검색, 구매, 결제, 배송 등 전체 과정에서 일관된 경험을 제공받고 각 채널의 장점을 반영하여 자유롭게 여러 채널을 동시에 이용할 수 있다.

2) 옴니채널 전략

옴니채널 전략을 활용할 때 중요한 세 가지 요소는 채널, 기술, 소통이다(오정아, 2016). 첫째, 채널 전략이라는 측면에서 옴니채널은 단순히 여러 채널을 연계하여 운영하는 것이 아니라 소비자가 일관된 경험을 얻을 수 있도록 하는 데에 중점을 두고 소비자에게 채널에 대한 선택권을 부여하는 것을 의미한다. 따라서 제품의 탐색, 정보 검색, 가격 비교, 구매, 공유로 이어지는 소비자의 의사결정 과정에서 모든 채널이 동일하게 활용되는 것이 아니다. 소비자가 편리함과 장점을 느끼고 선호하는 채널을 자유롭게 넘나들며 구매를 할 수 있도록 하되 전체적으로 일관된 경험과 가치를 제공하는 것이 중요하다. 현재 활용되는 다양한 채널 중에서도 모바일 기반 채널이 구매와 소통을 위한 주요한 채널로서 활용 가치가 높다고 인식되며, 앞으로도 모바일 채널은 중요한 역할을 수행할 것으로 전망된다.

둘째, 옴니채널 전략의 활용을 위하여서는 기술, 특히 IT 기술이 중요하다. 제4차 산업혁명의 도래와 함께 사물인터넷, 빅데이터, 인공지능, 비콘 등 다양한 기술이 발달하여 소비자의 필요를 파악하고 맞춤형 서비스를 제공하는 데에 기여하고 있다. 다채널을 아울러 운영하는 옴니채널은 다양한 채널을 통해 실시간으로 수집되는 소비자의 구매 이력, 위치정보 등을 공유하고 통합적으로 분석함으로써 소비자가 필요로 하는 제품 및 서비스에 맞춘 쿠폰을 제공하거나 관련 상품을 추천하는 등의 정교한 타기팅(targeting) 및 맞춤형 전략을 가능하게 한다. 또한 최근 핀테크(fintech)[7]의 발달과 함께 간편 결제 서비스가 가능해지면서 모바일 채널을 통한 구매가 더욱 용이해지는 상황이며, 전체 채널의 통합적 운영에서도 모바일의 중요성이 증대되는 추세이다.

마지막으로, 옴니채널 전략의 활용에 있어서는 단순히 편리성이나 가격의 우위를 기반으로 하여 경쟁력을 확보하는 것보다는 장기적 관점에서 브랜드를 확립하고 소통을 통해 소비자와의 관계를 유지, 제고하는 것이 중요하다. 온라인 기업이 오프라인 매장을 설립하고 직접적인 상호작용을 함으로써 브랜드의 정체성을 확립하고 소비자와의 지속적인 관계를 수립하려 노력하는 모습이 대표적인 사례이다. 또한 옴니채

---

7) 핀테크는 금융(finance)과 기술(technology)의 합성어로 금융 서비스와 IT, 모바일 기술이 융합됨으로써 새롭게 제공되는 다양한 금융 서비스를 총칭한다.

널 전략은 소셜미디어 등 다양한 채널을 통해 즉각적인 구매를 유도하는 것보다는 브랜드와 소비자, 소비자들 간의 소통을 촉진함으로써 지속적인 관계를 형성하는 데에 중점을 둔다.

3) 옴니채널의 사례

다양한 오프라인, 온라인 기업이 옴니채널 전략을 활용하고 있다. 앞서 O2O와 O4O 전략을 기술하면서 인터넷 혹은 모바일 기반의 서비스가 오프라인으로 소비자 접점을 확대하는 사례를 제시하였기 때문에 여기에서는 오프라인 기반 유통 기업에서 활용한 옴니채널 전략의 사례를 소개하고자 한다.

국내 유통업계에서 옴니채널 전략 활용의 선두주자는 롯데이다. 롯데는 2016년 "옴니로 산다" 광고 캠페인을 시작하는 등 온라인과 오프라인을 아우르는 다양한 채널을 하나의 채널처럼 이용하는 통합 쇼핑 서비스로서의 옴니쇼핑 개념을 소비자들에게 적극적으로 알리고 있다. 롯데는 그룹 관련 계열사들을 통합하는 옴니채널을 활용하는데, 대표적 서비스로는 롯데백화점에서 2014년에 도입한 '스마트픽' 서비스를 들 수 있다. 이 서비스를 사용하면 엘롯데, 롯데닷컴, 롯데마트, 롯데슈퍼, 하이마트, 롯데홈쇼핑 등 인터넷이나 모바일로 원하는 제품을 구매한 후, 원하는 시간에 지정한 오프라인 매장 혹은 세븐일레븐에서 구매한 상품을 찾을 수 있다. 또한 오프라인 매장이나 세븐일레븐을 통하여 교환이나 반품까지 가능한데, 편의점의 특성상 세븐일레븐에서는 24시간 제품 인수와 반품이 가능하다. 또한 롯데마트는 스마트 스캔 기

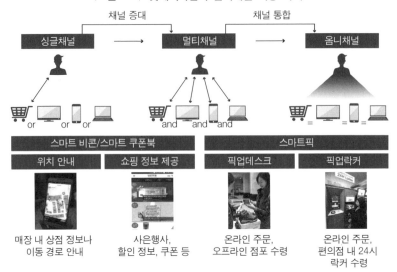

〈그림 4-7〉 롯데백화점의 옴니채널 적용 사례

자료: 〈EBN산업뉴스〉(2016. 5. 3). "'무너진 경계' 옴니채널株 고공행진… 하반기 견인 트렌드".

능을 활용하여 소비자가 오프라인 매장에서 원하는 제품을 확인하되 구매하려는 제품을 직접 카트에 담아 결제하지 않고 스마트폰으로 해당 제품의 바코드를 스캔하여 모바일로 바로 주문, 결제, 배송할 수 있도록 한다. 나아가 롯데는 계열 내 온라인, 오프라인 매장에서 스마트폰으로 간편하게 결제 및 적립이 가능한 '엘페이', 현금처럼 쉽게 적립하고 사용할 수 있는 '엘포인트', 소비자의 오프라인 매장 내 위치를 파악하고 동선에 맞춰 할인 쿠폰을 보내 주는 비콘 기반의 서비스 '엘팟' 등 다양한 서비스를 출시하여 옴니채널 전략의 효과를 제고한다. 〈그림 4-7〉은 롯데백화점의 옴니채널 전략을 개념화한 것이다.

롯데의 사례 외에도, 현대백화점은 온라인 쇼핑몰 '더 현대닷컴'을 통해 온라인에서 주문, 결제한 제품을 오프라인 매장에서 인수할 수 있는

'스토어픽' 서비스를 제공하며, '쓱' 캠페인으로 많은 관심을 받았던 신세계 또한 백화점, 이마트, 트레이더스 등의 온라인 사이트를 통합하여 SSG 사이트를 구축하고 SSG닷컴에서 구매한 상품을 오프라인 매장에서 찾을 수 있는 '매직픽업' 서비스를 제공한다. GS25는 모바일 애플리케이션으로 식음료 제품을 주문, 결제하고 원하는 시간에 원하는 매장에서 찾는 '나만의 냉장고' 서비스를 제공한다. 이 서비스는 온라인 구매, 오프라인 인수뿐 아니라 오프라인 매장에서 결제한 제품을 모바일 애플리케이션에 저장한 후 원하는 시간에 원하는 매장에서 찾는 것도 가능하다는 특성이 있다. 또한 GS25는 이베이코리아와 전략적 제휴를 맺고 G마켓, 옥션, G9에서 주문한 상품을 인수할 수 있는 무인택배함 '스마일박스'를 제공한다.

5. TV홈쇼핑 현황

여기서부터는 앞서 살펴본 옴니채널로의 진화를 야기한 소비 환경과 유통 패러다임의 변화를 TV홈쇼핑의 관점에서 이해하고 전략적 시사점을 논하고자 한다. TV홈쇼핑은 1995년에 등장한 쇼핑의 형태로서 가장 대중적 미디어인 TV를 통해 상품의 정보를 제공하고 전화 등을 통해 주문을 받아 소비자에게 상품을 판매·배송하는 유통 산업을 일컫는다 (이보미·김미숙, 2016). TV홈쇼핑의 변천은 TV의 진화와 밀접한 관련이 있다. TV홈쇼핑은 전통적으로 일방향성 미디어였던 TV를 통해 소비자에게 상품 판매영상을 전달하고 주문을 포함한 피드백은 전화 등을 이용하여 받아야 했지만, 현재는 상호작용이 가능한 디지털 TV의 등장으로 T커머스(*T-Commerce*)를 제공하기에 이르렀다. 또한 인터넷과 모바일의 확산과 함께 인터넷 쇼핑몰과 모바일 애플리케이션을 개설함으로써 서비스를 연계, 확장시키고 있다(이보미·김미숙, 2016).

현재 TV홈쇼핑 산업의 투자는 크게 두 영역에서 두드러진다. 첫째, 모바일 기기의 확산 및 모바일커머스(*M-Commerce*)의 성장과 함께 홈쇼핑 기업도 모바일 애플리케이션을 통한 매출 증대를 기대하고 있다. TV홈쇼핑은 모바일, 소셜커머스 기반 쇼핑의 확대로 정체기를 겪었지만 오히려 모바일 환경에 적응하며 나아가 모바일 채널을 적극적으로 활용함으로써 위기를 타개하려는 노력을 보여 준다(〈SK증권〉, 2017). TV홈쇼핑의 모바일 애플리케이션은 홈쇼핑 시청과 연계하여 주문과 결제를 편리하게 해결할 수 있을 뿐 아니라, 언제 어디서나 애플리케이션 상에서 TV홈쇼핑 방송 시청, 제품 탐색, 정보 검색, 원하는 제품 주문 및 결제, 제품 사용 후기 공유까지 할 수 있도록 한다. 따라서 쇼핑의 전 과정을 소화할 수 있는 채널로서 TV 기반 홈쇼핑이 가진 단점을 보완할 수 있다(이보미·김미숙, 2016). 납품업체들도 TV홈쇼핑의 모바일 애플리케이션을 통해 판매를 할 경우에 TV 방송을 통한 판매에 비하여 비용과 수수료가 낮아서 더 큰 이윤을 얻을 수 있다. 실제로 모바일 채널을 통한 TV홈쇼핑의 취급고는 증가하는 추세이다. 2016년, GS홈쇼핑, 현대홈쇼핑, CJ홈쇼핑의 인터넷을 제외한 모바일 기반 취급고는 각각 1조 3,151억 원, 7,446억 원, 8,560억 원으로 추정되어 전체 취급고의 약 35.8%, 21.2%, 27.1%를 차지하는 것으로 나타났다(〈SK 증권〉, 2017). 아직 TV를 통한 취급고가 50% 이상이지만 모바일 기반 구매는 향후 더욱 증가할 것으로 전망된다.

둘째, TV홈쇼핑 업체들은 TV미디어의 진화와 함께 등장한 새로운 형식의 전자상거래인 T커머스를 통해 TV홈쇼핑 시장의 정체를 극복하고자 노력한다(〈SK 증권〉, 2017; 박지은·김수원·김은·김성철, 2017). 전통적인 TV홈쇼핑은 쇼호스트가 상품정보를 소비자에게 전달하는 일방향성 설득 커뮤니케이션이었으며 상품 주문과 결제는 전화로 이루어져야 했다. 하지만 TV와 E커머스(*E-Commerce*)의 조합어인 T커머스는 양방향성을 가진 디지털 TV를 기반으로 하므로 상품 탐색, 정보 검색, 주문, 결제까지 모두 가능한 전자상거래 형태이다. 2005년에 T커머스 사업을 허가받은 5개 TV홈쇼핑 사업자를 비롯하여 현재는 GS홈쇼핑의 GS마이샵, CJ오쇼핑의 CJ오쇼핑플러스샵, 현대홈쇼핑의 현대홈쇼핑플러스샵, 우리홈쇼핑(롯데홈쇼핑)의 롯데OneTV, NS홈쇼핑의 NS샵플러스, KTH의 K쇼핑, 아이디지털홈쇼핑의 쇼핑엔T, 신세계TV쇼핑의 신세계쇼핑, SK브로드밴드의 Btv쇼핑, 더블유쇼핑의 W쇼핑 등의 총 10개 T커머스 채널이 운영 중이다. T커머스는 사업 승인 이후 약 10년 동안 초반의 기대와는 달리 부진한 모습을 보였다. 그러나 2015년부터 시작한 TV홈쇼핑 사업자들의 T커머스 사업이 안정화에 접어들면서 그 성장이 기대된다. 2015년에 TV홈쇼핑 사업자의 T커머스 채널은 유료방송 가입자 중 30~50%에게만 도달했지만 2016년에는 70~75%에게 다다르게 되었다. T커머스 채널의 취급고도 성장세를 보여, CJ오쇼핑과 현대홈쇼핑의 연간 T커머스 취급고는 각각 1,000억 원을 넘는 것으로 나타났다(〈SK증권〉, 2017). T커머스의 문제점 중 하나가 기존 TV홈쇼핑 채널과 크게 차별화되지 않아 소비자에게 서로 유사하다고 인식된다는 점이었다. 그러나 T커머스 사업의 재승인 조건에 T커머스와 TV홈쇼핑 방송의 상품이 중복되지 않도록 방지하는 것이 포함됨으로써 이제 T커머스 전용 제품이 본격적으로 도입되어 산업의 성장을 이끌 것으로 기대된다(〈SK증권〉, 2017).

T커머스는 크게 두 가지 형식으로 운영된다. 첫 번째 형식은 현재 대부분의 TV커머스 채널이 운영되는 방식으로서 독자적으로 채널을 운영하며 서비스를 제공하는 독립형(standalone)이다. 두 번째 형식은 기존 TV 채널의 방송콘텐츠를 통하여 상품정보를 제공하고 상거래로 연결해 주는 연동형(enhanced)이다(김상훈·안대천·임수현, 2013; 박지은 외, 2017). 독립형 T커머스는 기존 TV홈쇼핑과 크게 다르지는 않다. 하지만 디지털 TV를 기반으로 상호작용이 가능하기 때문에 TV를 통해 직접 원하는 상품 및 정보를 검색하거나 결제를 할 수 있다는 장점이 있다(김상훈·안대천·임수현, 2013). 연동형 T커머스는 드라마, 예능 프로그램 등의 콘텐츠에서 노출되는 제품이나 서비스에 관심을 가진 소비자가 '트리거'(시청 중 화면에 뜨는 빨간 버튼)를 클릭함으로써 제품 및 서비스에 대한 추가 정보를 담은 다른 페이지를 열거나 휴대전화 문자로 관련 정보의 링크를 받아 구매로 넘어갈 수 있도록 하는 형식이다. 국내에서는 아직 정식 서비스가 시작되지 않았다(박지은 외, 2017: 9).

현재 운영되는 독립형 T커머스는 TV로 검색, 주문, 결제가 가능하다는 양방향성의 장점에도 불구하고 리모컨을 이용해야 하는 불편함이 있어 기존 TV홈쇼핑과의 차별성이 크게 인식되지 않는다(김상훈·안대천·임수현, 2013). 이에 비해 연동형 T커머스는 콘텐츠 시청과 연계하여 상거래를 유도하는 방법으로 기존 TV나 온라인 기반 상거래와는 차별성이 두드러진다. 또한 상거래를 목적으로 하지 않았던 소비자에게도 접근할 수 있고, 좀더 자연스러운 제품 노출이 가능하다는 장점도 있다. 연동형 T커머스는 방송 프로그램 내에서 제품을 노출하는 간접 광고를 상거래와 결합한 형태라고도 볼 수 있다. 또한 모바일커머스와도 연결하여, 방송을 시청하는 중에 바로 연동이 가능한 해당 애플리케이션을 스마트폰으로 실행하면 상품의 상세정보를 얻고 구매까지 가능하도록 할 수 있다. 리모컨을 이용해야 하는 불편을 해소하는 방향으로 진화하게 되는 것이다(김상훈·안대천·임수현, 2013). 김상훈·안대천·임수현(2013)의 연구에 의하면 연동형 T커머스의 진화된 형태라고 할 수 있는 TV 연동형 모바일커머스에 대하여 소비자들은 TV시청에 방해가 될 수도 있다는 일부 우려나 개인정보 보호, 구매, 결제 등에 관한 다소 낮은 신뢰도를 나타내기는 했으나, 대체적으로는 긍정적인 반응과 함께 높은 사용 의도를 보여 주었다.

6. TV홈쇼핑의 옴니채널 전략

TV홈쇼핑 또한 TV를 넘어서서 온라인과 오프라인을 넘나드는 여러 채널을 구축하고 옴니채널 전략을 활용한다. CJ오쇼핑은 '스타일온에어플러스', 현대홈쇼핑은 '플러스샵', 롯데홈쇼핑은 '스튜디오샵'이라는 오프라인 매장을 각각 개설하여 TV홈쇼핑에서 판매하는 제품을 소비자가 직접 체험할 수 있는 공간으로 활용한다. 또한 소비자가 온라인 쇼핑몰 및 모바일 애플리케이션을 통하여서도 TV홈쇼핑 방송을 시청하고 제품을 검색·구매할 수 있도록 한다. 예를 들어 CJ오쇼핑은 온라인 쇼핑몰에서 CJ오쇼핑플러스 채널을 제공한다. 이를 통하여 소비자가 TV홈쇼핑 방송의 편성에 제한될 필요 없이 인기 있는 상품 판매방송을 원하는 시간에 시청하면서 구매로까지 이어갈 수 있도록 양방향 쇼핑채널을 제공하는 것이다.

롯데홈쇼핑은 오프라인 매장인 '스튜디오샵'에서 원하는 제품을 탐색, 착용한 후 '바로TV' 애플리케이션으로 주문, 결제하여 원하는 곳으로 배송할 수 있다. 또한 '바로TV' 애플리케이션을 통해 롯데홈쇼핑 방송을 실시간으로 시청하고, 원하는 방송을 찾아보고, 제품을 직접 구매할 수도 있다. 앞서 살펴보았듯이 롯데홈쇼핑은 롯데백화점 등 다른 롯데 계열사와 함께 통합적인 옴니채널을 운영하고 있으므로 옴니채널 전략의 활용에 있어서는 다른 TV홈쇼핑보다 앞선다고 할 수 있다.

TV홈쇼핑의 옴니채널 전략에 있어 주목해야 할 점은 일반 유통업체가 접근하기 어려운 TV 기반 쇼핑채널을 가지고 있다는 것이다. 물론 모바일 쇼핑의 성장으로 인해 TV를 통한 직접적인 매출은 감소하는 추세이지만 TV홈쇼핑 시청과 연계된 모바일 매출은 증가세를 보여 준다. T커머스 채널 또한 안정기에 접어들었다. 옴니채널 전략을 활용할 경우 이러한 여러 접점을 효과적으로 연계, 활용함으로써 전체적인 매출의 성장을 기대할 수 있을 것이다.

〈표 4-3〉은 주요 TV홈쇼핑 사업자들이 운영하는 주요 채널들을 정리한 것이다. 홈쇼핑과 직접적으로 연관된 온라인 쇼핑몰, 모바일 애플리케이션, 오프라인 매장 외에 계열사로 연결되어 옴니채널 전략을 위한 제휴가 용이한 채널도 포함하였다.

〈표 4-3〉에서 볼 수 있듯이, 주요 TV홈쇼핑 사업자들은 기존의 TV 홈쇼핑 채널 외에도 디지털 TV 기반의 T커머스 채널, 인터넷 쇼핑몰, 모바일 애플리케이션, 오프라인 매장으로 소비자 접점을 확대하여 운영하고 있다. 하지만 전체 채널을 아우르는 옴니채널의 활용은 초기 단계에 불과하므로 각 채널의 특성을 반영한 옴니채널 전략의 수립과 활용이 필요하다. 기존 문헌을 통해 논의된 각 주요한 쇼핑채널의 특성을

〈표 4-3〉 주요 TV홈쇼핑 사업자들의 채널

사업자		롯데홈쇼핑	현대홈쇼핑	CJ오쇼핑	GS홈쇼핑
TV		O	O	O	O
카탈로그		O	O	O	O
인터넷	직접 채널	롯데아이몰	Hmall	CJmall	GSshop
	계열사 채널	롯데닷컴, 엘롯데, 롯데마트mall, 롯데super, LOHBS	더현대닷컴	올리브영	
모바일	직접 채널	롯데홈쇼핑 App, 롯데OneTV App, 바로TV App, 바로TV 톡	Hmall App	OShopping App, CJmall App	GSshop App, GSshop TV
	계열사 채널	롯데닷컴 App, 엘롯데모바일, 롯데슈퍼, 롯데프레시, 롯데마트몰 App	더현대닷컴 App	올리브영 App	GS 나만의냉장고, GS아이수퍼, Watsons Shop
T커머스		롯데OneT	현대홈쇼핑 플러스샵	CJ오쇼핑플러스	GS마이샵
오프라인	직접 채널	롯데홈쇼핑 스튜디오샵	현대홈쇼핑 플러스샵	스타일온에어 플러스	
	계열사 채널	롯데백화점, 롯데마트, 롯데슈퍼, LOHBS	현대백화점	올리브영	GS25, GS슈퍼마켓, 왓슨스

〈표 4-4〉 주요 쇼핑채널별 특성

구분	TV홈쇼핑	T커머스	인터넷	모바일	오프라인
소비자 방문의 성격	즉흥적	즉흥적, 습관적, 목적성,	습관적, 목적성	습관적, 목적성 (즉흥적)	즉흥적, 목적성
이용의 주요요인	상품, 신뢰, 서비스	정보	상품, 정보	상품, 정보, 서비스	상품, 신뢰, 서비스
소통 방식	일방향	양방향	양방향	양방향	양방향
상품의 다양성	제한적	다양	다양	다양	제한적
소비자의 태도	제한적	능동적	능동적	능동적	능동적
맞춤화 / 개인화	불가능	가능	용이	용이	제한적
검색 / 결제	불가능	가능	용이	용이	제한적
엔터테인먼트 요소	많음	적음	적음	적음	보통
사회적 요소	제한적	가능	가능	가능	많음
경험적 요소	보통	보통	가능	가능	많음

자료: 박지은 외(2017), 정기수(2011), 허정욱·김태진(2013)에서 재구성.

정리하면 〈표 4-4〉 와 같다.

기존 TV홈쇼핑의 주요 고객층은 40∼60대 여성층이다. 하지만 TV홈쇼핑 시장 전반의 매출이 감소하면서 고객층 확대 및 충성도 제고가 절실한 시점이다. TV홈쇼핑의 옴니채널 활용에서 고려해야 할 주요 전략을 세 가지로 정리하여 논의하고자 한다.

첫째, 현재 운영하는 각 채널이 진정한 옴니채널로서 운영되도록 채널의 통합 전략을 재정립해야 한다. 고객의 구매의사결정 여정을 이해하고 각 채널의 특성을 반영하며 어떤 접점에서 어떤 채널이 어떤 역할을 하는지 파악하여 강점이 있는 채널을 강화, 배치하는 한편 부족한 채널을 확보해야 한다. 예를 들어 롯데홈쇼핑은 '스마트픽' 서비스를 제공하나 다른 TV홈쇼핑은 구매한 제품의 인수에서 선택권을 제공하지 않는다. TV홈쇼핑의 오프라인 매장을 지역적으로 대폭 확대하는 데에는 현실적 제약이 따르지만, CJ오쇼핑이 계열사 매장인 올리브영을 활용하여 오프라인에서도 제품을 찾을 수 있도록 한다면 고객에게 편리함을 제공할 뿐 아니라 올리브영 매장 방문을 증가시키는 효과까지도 얻을 수 있을 것이다. 24시간 제품 인수 및 반품 서비스를 제공하기 위하여 GS홈쇼핑은 GS25를 활용할 수 있을 것이며, CJ오쇼핑은 롯데홈쇼핑처럼 편의점과 전략적 제휴를 맺는 것을 고려할 수 있을 것이다. 또한 오프라인 매장이 제한적이기 때문에 계열사 내 다른 업체의 오프라인 매장과 연계하는 것을 고려할 수도 있다. 예를 들어 롯데홈쇼핑은 롯데백화점이나 롯데마트에 TV홈쇼핑 제품 매장을 마련할 수 있고 CJ오쇼핑은 올리브영을 활용할 수 있다. 실제로 CJ오쇼핑은 AK백화점에 오프라인 매장인 '스타일온에어플러스' 매장을 오픈했다.

한편 모바일 중심 쇼핑 환경에 적극적으로 대응하고 젊은 층 고객을 확보하기 위해 모바일 애플리케이션의 유용성을 확대하는 것도 중요하다. 이보미·김미숙(2016)의 연구에서 남녀 TV홈쇼핑 이용자를 대상으로 조사한 결과, 패션 상품 구매자의 경우에는 혁신성이 높고 TV홈쇼핑 모바일 애플리케이션의 혜택이 많다고 인식할수록 TV홈쇼핑 모바일 애플리케이션으로 전환하려는 의도 및 실제 전환행위가 높게 나타났다. 또한 TV홈쇼핑 모바일 애플리케이션의 이용 경험의 유무와 상관없이 소비자가 공통적으로 인식하는 혜택은 상호작용성이며, 그 외 편리성, 유용성, 접근성, 보안성, 오락성 등의 장점이 고려된다는 것을 같은 연구에서 알 수 있다. 쇼핑 환경은 모바일을 중심으로 계속 진화해 나갈 것이기 때문에 모바일 기기 자체의 특성 외에도 TV홈쇼핑, T커머스, 오프라인 매장과 등 다른 채널과의 연계에도 중점을 둠으로써 모바일 애플리케이션이 다른 채널을 연결하는 허브로서 기능할 수 있도록 개발해야 한다.

둘째, 독자적인 상품 구성과 데이터를 활용한 맞춤형 서비스가 필요하다. CJ오쇼핑은 최근 많은 유통업체와의 차별화를 위해 '국내에서 CJ오쇼핑만 판매하는 상품'(PB상품 및 단독상품)에서 'TV홈쇼핑 중에서 CJ오쇼핑만 판매하는 상품'으로 주력 상품의 성향을 전환했다(〈SK증권〉, 2017). 물론 특정 TV홈쇼핑에서만 판매되는 상품이 차별화에는 유리할 수 있지만 폭넓은 고객층을 확보하기 어렵다거나 오프라인 접점이 상대적으로 약하다는 단점을 극복하기에는 무리가 있을 수 있다. 따라서 CJ오쇼핑은 오프라인 매장 등 다른 유통채널을 통해 검증된 제품을 더 합리적인 가격과 효과적인 방법으로 판매함으로써 오프라인 구매를 TV홈쇼핑으로 전환하는 전략을 성공적으로 활용한 것이다. 상품의 가격, 다양하고 독자적인 상품 구성 등의 상품요인은 쇼핑채널 선택의 중요한 기준이 되므로 지속적으로 제고해야 할 측면이다(박지은 외, 2017). 또한 빅데이터, 인공지능 등 기술의 발달과 함께 고객의 필요와 취향을 파악하여 선제적으로 추천 상품을 제시하는 맞춤형 서비스가 활성화되는 추세임에도 불구하고 TV홈쇼핑 영역에서는 여전히 적극적 활용이 미비한 편이다. 모든 채널을 통합하여 고객의 정보를 공유하고 분석함으로써 개인화된 서비스를 개발, 제공하는 것이 필요하다.

셋째, TV홈쇼핑과 T커머스의 장점을 십분 활용해야 한다. 영상매체로서 TV의 장점은 오락적 요소가 풍부하고 정보를 더 흥미롭게 전달할 수 있다는 것이다. 최근 V커머스(Video-commerce)가 성장하고 있는데, TV홈쇼핑은 활용할 수 있는 풍부한 자원을 이미 확보하고 있다. 대표적으로 쇼호스트는 1인 방송의 BJ나 크리에이터처럼 영향력을 가질 수 있다. 또한 유튜브 등 동영상 플랫폼에서 독자적인 채널을 운영하면서 실시간 방송뿐만 아니라 동영상 플랫폼에 개시하기 적합한 길이 및 내용의 동영상 클립을 제작·편성하고 이러한 영상에서 노출되는 제품을 소비자가 직접 클릭해 추가 정보를 얻거나 구매까지 할 수 있는 시스템을 운영한다면 효과적일 것이다. 이때 엔터테인먼트적 요소가 중요한데, CJ오쇼핑이 72초 TV와 협업하여 '오구실'에 CJ오쇼핑의 제품을 간접광고 형태로 노출한 것이 좋은 예다. CJ오쇼핑은 상대적으로 용이하게 엔터테인먼트 콘텐츠를 확보할 수 있으므로 TV홈쇼핑과 연계된 창의적 콘텐츠의 개발이 가능할 것으로 기대된다. 또한 쇼호스트나 크리에이터를 적극 활용하여 맞춤형 서비스로서 추천 상품을 제시할 때에도 단순히 빅데이터, 알고리즘만을 이용하기보다는 쇼호스트의 경험과 추천 등을 반영하여 사회적 영향력을 더함으로써 서비스를 더 효과적으로 제공할 수 있을 것이다. 이와 관련하여 소비자들이 제품에 대한 정보를 공유하는 주요 플랫폼인 소셜미디어의 활용을 고려해야 한다.

온라인, 모바일 중심으로 쇼핑 환경이 재편되면서 소비자 구매의사결정 과정과 쇼핑의 유형이 빠르게 변화하고 있다. 새로운 쇼핑 환경에 효과적으로 대응하는 유통 패러다임의 변화는 옴니채널 전략으로 나타났다. 옴니채널 관점에서는 단순히 채널을 확대하여 다채널을 운영하는 것은 충분하지 않다. 모든 채널을 유기적으로 연계하여 진정한 통합을 이룸으로써 소비자가 온라인, 오프라인의 여러 채널을 이용하면서도 마치 하나의 채널을 이용하는 것처럼 끊김 없이(seamless) 연속적이며 일관된 쇼핑 경험을 하도록 만드는 것이 중요하다.

TV홈쇼핑은 전통적인 쇼핑의 형태로서 유통뿐 아니라 방송 산업에 있어서도 중요한 역할을 수행해 왔지만 인터넷 및 모바일 쇼핑의 급격한 성장과 함께 정체기를 맞고 있다. 또한 온라인, 오프라인 기반의 유통업체들이 채널을 다각화하고 옴니채널 전략을 활용하면서 유통 시장의 경쟁은 더욱 심화되는 양상이기에 TV홈쇼핑의 적극적인 대응과 변화가 절실한 시점이다.

　　하지만 TV홈쇼핑은 다른 유통업체가 가지지 못한 TV 기반 쇼핑채널을 가졌다는 강점이 있으며 T커머스와 함께 모바일커머스와 연계한다면 차별화된 채널 구성으로서 소비자에게 혜택을 줄 수 있다. 전통적인 강점인 콘텐츠의 오락요소와 쇼호스트를 활용한 대면 설득요소를 강화하면서 고객과의 접점을 확대하고 각 접점 간 전환이 용이하도록 하는 한편, 제품 구매에 드는 소비자의 노력 및 시간을 최소화할 수 있는 제로 에포트 커머스(ZEC: *Zero Effort Commerce*)를 구현할 수 있는 기술적 요소를 개발한다면 차별화된 쇼핑 경험과 서비스를 제공함으로써 새로운 고객의 유입을 유도할 수 있을 뿐 아니라 고객 충성도까지 제고할 수 있으리라 생각한다. 이러한 측면에서 TV홈쇼핑의 새로운 미래와 진화를 기대해 본다.

제5장

TV홈쇼핑 채널의 국제화 : 시도와 성과

전범수
한양대 신문방송학과

1. 로컬의 한계와 글로벌 기회

오랫동안 높은 수익성을 기록해 왔던 국내 TV홈쇼핑 채널들이 최근 급격한 변화에 직면하였다. 국내 TV홈쇼핑 채널들은 케이블TV와 IPTV 등 유료방송 플랫폼에 채널 송출수수료를 지불하고 좋은 채널 번호를 선점하여 안정적으로 영업을 해 왔다. 지상파 채널 사이의 좋은 번호를 확보한 만큼 채널 이동 중 우연히 홈쇼핑을 시청한 구매자 또는 TV홈쇼핑 채널 자체의 매력도 등에 힘입어 TV홈쇼핑 채널의 매출은 계속적으로 증가해 왔다. 그리고 외형적인 성장과 함께 유료방송 플랫폼에 지급하는 송출수수료의 부담, 상품 판매에 따른 거래 규제와 방송 사업자로서의 공익적 의무 그리고 상품 공급업체 및 하청업체와의 불공정거래 등 다양한 쟁점을 만들어 낸 것 또한 사실이다.

더욱 큰 쟁점은 T커머스 채널이 급증하면서 TV홈쇼핑과 관련된 채널이 늘어났다는 점이다. 일정 규모 이상으로 TV홈쇼핑 채널의 수가 증가하자 개별 TV홈쇼핑 채널의 수익성은 감소하기 시작했다. 이제는 TV홈쇼핑 산업이 기존과 같은 높은 수익성을 보장받을 수 있다는 확신을 할 수 없게 된 것이다.

이에 따라 2000년대 초중반부터 기존 TV홈쇼핑 사업자들은 해외 시장 진출을 포함하여 미래 성장 동력원을 탐색하기 위한 노력에 힘을 기울였다. 핵심적인 해외 진출 대상은 중국이나 태국, 베트남 등 인구가 많으면서 한국과 문화 교류가 활발한 동아시아 시장이었다. 세계에서 가장 세련된 방식으로 TV홈쇼핑 프로그램을 제작한다는 자부심을 가지고 있었던 만큼, 국내 TV홈쇼핑 사업자들은 한류의 성공을 발판삼아 적극적으로 해외 시장에 진출하였다.

한편 내수 시장은 온라인과 오프라인의 상품 판매를 결합하는 방식 중심으로, 특히 모바일 상품 판매가 중심이 되는 상품 판매 플랫폼으로 변화하기 시작했다. 더욱이 기존의 자산을 바탕으로 브랜드를 확장하기 위하여서는 사업을 다른 분야로 다각화하는 데에 집중할 필요가 있었다. 결과적으로 TV홈쇼핑 산업은 다른 산업과 마찬가지로 자체 수익률이 하락함에 따라 지리적 다각화 및 상품 다각화를 구체화시킬 필요가 나타난 것이다. 지리적 시장을 확대하여 기존 상품 판매의 가치를 넓힐 수 있는 기회를 탐색하고, 상품과 관련된 연관 시장 또는 비연관 시장을 확대함으로써 새로운 수익성을 모색할 수 있기 때문이다.

TV홈쇼핑 같은 국내 상품이나 서비스가 해외 시장에서 적지 않은 관심을 끌게 된 것은 K드라마 또는 K팝 등 한류 문화 진출의 연장선에서 이해할 수 있다. 한국이 가진 문화 콘텐츠 강국으로서의 이미지, 수준 높은 TV홈쇼핑 프로그램 제작 능력, 한국 중소기업의 신뢰도 높은 제품 등이 결합되어 해외 시장을 개척할 수 있는 동력이 되었다. 또한 개별 기업마다 중장기 전망을 가지고 해외 시장 투자를 이끌어 온 결과, TV홈쇼핑 채널은 해외 시장에 진출할 수 있었다.

TV홈쇼핑 채널 이외에도 일부 유통 기업이 해외 시장에 진출한 것은 사실이지만, 이는 대부분 오프라인 마트 중심의 유통방식으로 이루어진 성과였다. 반면에 TV홈쇼핑 채널의 해외 시장 진출은 TV와 스마트폰 등 미디어 플랫폼을 기반으로 해외 유통 시장에 진입한 독특한 사례로 평가할 수 있다. TV 채널을 해외에서 운영하기 위해서는 우선 케이블TV 등의 플랫폼 사업자에 대한 접근권을 그만큼 확보해야 한다. 또한 이를 위해 해당 국가 규제기관의 심사 등을 통과하고 사업 허가를 받아야 한다. 더욱이 상품의 조달이나 배송, 과금 등의 실무적 쟁점을 해결하는 한편, 해당 국가의 인터넷 보급률, 스마트폰 이용률, 소비 성향 등 여러 가지 요인을 포괄적으로 검토하여야 비로소 진출이 이루어질 수 있다. 일단 해외 시장에 진출한 후에도 투자지분에 따른 주주 간의 갈등, 경영권 분쟁, 규제기관의 비예측적 허가 심사, 정치경제적 환경 요인 등이 결합되어 사업에 적지 않은 영향을 미칠 수 있다.

제5장에서는 왜 TV홈쇼핑 사업자들이 해외 시장에 진출해야 하는지, 지금까지의 진출 방식이나 특성 및 성과는 무엇이었는지 구체적으로 살펴볼 것이다. 이는 국내 미디어 기업의 해외 시장 진출에 따른 기회와 위험을 동시에 검토한다는 의미를 갖는다. 기존 TV홈쇼핑 채널이 해외 시장 진출을 통해 큰 성과를 기록한 경우는 많지 않다. 그럼에도 작은 기회를 통해 사업 영역을 새롭게 다각화하는 경험을 계속 쌓아 가

야만 이후 세계적인 미디어 기업으로 성장할 수 있는 바탕을 마련할 수 있을 것이다.

2. 글로벌 TV홈쇼핑 시장

인터넷이나 소셜네트워크 서비스의 발전으로 국가 간의 물리적 거리는 더욱 축소되고 있다. 역사적으로 문명의 시작이나 성장은 교통의 축을 따라 구축된 거리의 구성에 크게 의존하였다. 지리적 또는 문화적으로 서로 다른 공간에 위치한 개별 국가 공동체는 각자 나름의 시장과 경제 시스템을 가지게 된다. 하지만 자국 내에서 모든 서비스와 상품을 생산, 유통, 소비하기보다는 특화된 상품이나 서비스를 다른 국가와 교역하는 것이 더 이로울 수도 있다. 이러한 관점에서 국가 간의 무역은 이미 오랜 과거부터 다양하게 이루어져 왔다.

디지털 시대에 서비스와 상품의 국가 간 거래는 더욱 늘어나는 추세이다. 특히 인터넷을 통한 전자상거래 시장은 교통 네트워크를 따라 이루어지는 기존의 물리적 무역 시장을 대체하고 있다. 물리적 교통이 아닌 통신 네트워크를 통해 연결된 글로벌 정보 플랫폼이 기존의 무역 시스템을 대신하는 것이다. 오늘날에는 아마존이나 이베이와 같은 글로벌 상품 판매 웹사이트를 통해 세계 시장에 산재한 다양한 상품을 구매하는 일이 더 이상 낯설지 않게 되었다.

인터넷을 통해 이루어지는 글로벌 전자상거래와 함께, TV홈쇼핑 역시 특정 국가의 경계를 넘어서서 글로벌 시장으로 확대되는 추세이다.

TV홈쇼핑은 전통적으로 내수 시장 의존적인 특성을 가진 산업이다. TV로 판매되는 홈쇼핑 상품을 해외 시장으로 배송하기도 어렵고, 해외 시장의 소비자 불만을 처리하는 등의 대응도 쉽지 않기 때문이다. 따라서 TV홈쇼핑이 해외 시장에 진출하는 것은 독특한 사례이다. 그러한 어려움 때문에 해외에 상품을 판매하는 TV홈쇼핑사는 TV와 모바일 등 다양한 플랫폼을 활용하게 된다. 현실적으로는 각 국가별로 규제의 정도가 높은 TV매체보다는 아마존 등과 같은 온라인을 통한 국가 간 전자상거래 방식이 더 일반화된 진출방식이 될 것으로 예상된다.

글로벌 시장에서 일찌감치 활동을 시작한 미국의 대표적 TV홈쇼핑 채널 QVC를 살펴보자. 1986년에 설립된 TV홈쇼핑 채널 QVC는 미국은 물론 일본, 독일, 이탈리아, 프랑스 등의 국가에서 방송사업부를 운영하고 있으며 중국에서는 합작 방식으로 사업을 추진 중이다. 이들 글로벌 사업부문의 총매출 규모만 해도 87억 달러에 이른다. 2016년 기준으로 QVC는 15개 TV 채널을 통해 3억 6천만 가구에게 도달하였으며, 7개의 웹사이트로는 10억 방문자 수를 기록하였다. QVC의 2016년 해외 매출은 총매출의 30%를 점유하는 것으로 나타났다. QVC는 글로벌 시장에서 1억 8,300만 개의 상품을 배송하였다(QVC 웹페이지). [1]

QVC의 해외 진출에서 확인할 수 있는 키워드는 바로 모바일 리더십, 해외 시장 확대 그리고 개인화이다(QVC 웹페이지). 이러한 특성을 각각 구체적으로 살펴보면 다음과 같다. 우선 TV홈쇼핑 채널 사업자가 모바일 리더십을 보유해야 한다는 것은 이들이 단순히 TV라는 플랫폼

---

1) QVC 웹페이지(http://corporate.qvc.com/)의 자료 참조.

만을 의존할 필요가 없다는 것을 의미한다. 아마존 등과 같은 글로벌 쇼핑 판매·중개 사업자가 시장에 있는 이상, TV 방송만으로 판로를 열기에는 어려운 부분이 적지 않다. 그러므로 스마트폰 등과 같은 새로운 디지털 기기를 이용하여 모바일 거래를 극대화하는 것이 필수적이다. 특히 스마트폰을 활용한 모바일 쇼핑이 최근 증가하는 추세이니만큼 TV와 모바일, 기타 기기와 미디어 플랫폼을 적극적으로 활용해야 한다.

다음으로는 내수 유통 시장 이외의 해외 시장을 적극적으로 확대할 필요가 있다. 여기에는 국내 시장의 상품을 해외 시장에 판매하거나 또는 해외 상품을 국내에 조달하는 등의 다양한 활동이 포함된다. 해외 시장을 확대해야 비로소 규모의 경제가 작동하므로 치밀한 전략에 바탕을 두고 단계적으로 해외 시장에 진출할 필요가 있다. 물론 QVC는 미국계 기업으로서 거대한 미국 시장을 무대로 활동하지만 중장기적인 성장을 위해서는 다양한 해외 시장 개척이 필요하였다.

끝으로, 상품 판매에서 기존의 판매자 중심 모델을 대체하여 개별 구매자를 위한 개인화된 최적 모델을 구성할 필요가 있다. 각 개인이 선호하는 상품과 트렌드를 바탕으로 개인화된 서비스를 제공해야 무수히 많은 상품 중에서 선택을 집중화하고 판매 규모도 더 확장할 수 있을 것이다. 넷플릭스의 사례에서도 볼 수 있듯이, 글로벌 이용자 또는 소비자가 선택할 수 있는 상품이 무한대로 늘어날 때에 시장을 활성화할 수 있는 방식은 이용자가 선호하는 취향을 바탕으로 한 다양한 서비스를 개발, 제공하는 것이다. 결과적으로 이용자 선호도에 기반을 둔 상품 판매 방식을 모색해야 한다.

QVC는 글로벌 시장에서 가장 활발하게 활동하는 TV홈쇼핑 사업자인 만큼 글로벌 시장에서 벌어들이는 총매출액 규모가 40억 달러에 달한다. QVC 웹페이지 자료에 따르면 2017년 1분기를 기준으로 QVC의 전자상거래 매출은 글로벌 총매출의 48%, 미국 총매출의 54%를 차지하였다. 또한 모바일 매출은 글로벌 전자상거래 매출의 62%, 미국 전자상거래 매출의 61%를 차지하는 것으로 나타났다. TV홈쇼핑 사업자로서 출발한 QVC가 이제는 멀티플랫폼, 멀티 네트워크 경험을 제공하는 사업자로 변화한 것이다. 오늘날 QVC는 그룹 전체를 통틀어 미국에서는 3위, 글로벌 시장에서는 8위 규모의 소매사업자로서 자리 잡았다(QVC 웹페이지).

국내 TV홈쇼핑 사업자들도 QVC처럼 여러 해외 시장을 포괄하는 글로벌 사업자가 되는 목표를 가진 것으로 보인다. 앞으로 국내 TV홈쇼핑 사업만으로는 지속적으로 수익성을 내기 어려울 것으로 예측되기 때문이다. 만약 이들이 해외에서 안정적인 시장을 확보하게 된다면 국내 상품의 해외 판매와 해외 상품의 국내 조달 등 다양한 측면에서 이점을 갖게 될 것이다.

3. 내수 의존적 TV홈쇼핑 서비스

앞서 언급하였듯이 TV홈쇼핑 산업은 내수 의존적 산업이다. 이는 그만큼 해외 시장 진출이 쉽지 않다는 의미이기도 하다. 국내 상품을 해외에 수출하는 데에는 관세나 대상 국가의 규제 등 다양한 제약요인이 존재한다. 더욱이 TV라는 미디어를 활용하는 데에서도 다양한 규제를 받게 된다. 채널 사업 승인을 얻어야 하는 것은 물론, TV라는 공적 자원을 활용하는 것에 따르는 공익적 책무, TV홈쇼핑 상품 판매에 따른 소비자 불만 처리에 이르기까지 다방면에 걸친 여러 가지 규제가 존재하는 것이다. 중국 시장은 막대한 인구를 포괄하는 메가 시장으로서 매력도가 높지만 TV홈쇼핑 사업자가 실질적으로 중국 시장에 진입하기 위해서는 다양한 규제 기준을 통과해야 한다. 베트남이나 인도네시아, 태국 등의 아시아 국가를 비롯하여 터키와 인도 등 국내 TV홈쇼핑의 핵심적 진출 시장에서도 해당 국가의 규제나 지원에 따라 진출 상황에 여러 변화나 어려움이 야기될 수밖에 없다.

TV홈쇼핑 산업은 내수 미디어 산업의 발전과 밀접하게 연계된다. 특히 TV홈쇼핑 방송을 송출할 수 있는 유료방송 산업의 발전이 중요하다. 유료방송 가입자 수가 증가할수록 TV홈쇼핑 채널의 시청가구 수도 많아지기 때문이다. TV홈쇼핑 산업의 성장은 바로 유료방송의 성장을 바탕으로 이루어지는 셈이다. 지상파방송은 추가적인 가용 채널이 많지 않으므로 TV홈쇼핑을 방송하는 것이 불가능하다. 반면 케이블TV와 IPTV, 위성방송 등과 같은 유료방송 플랫폼에서는 송출 가능한 채널이 많아 TV홈쇼핑 채널을 편성하는 것이 용이하다. 그러므로 TV를 핵심 플랫폼으로 삼아 추진되는 해외 상품 거래 사업에서는 해당 시장의 유료방송 이용자 규모가 클수록 성공 가능성도 높아진다. 이에 더하여 해당 시장에 스마트폰 등과 같은 스마트 미디어 이용자가 많을수록 모바일 쇼핑과의 연계를 위한 이점도 커진다.

한편 국내 유료방송 또한 TV홈쇼핑을 통하여 성장한 측면이 적지 않다. 각 TV홈쇼핑 방송이 유료방송 플랫폼의 채널에 편성되기 위해서는 막대한 비용의 송출수수료를 부담해야 한다. 매년 증가하는 송출수수료는 유료방송 플랫폼 사업자의 수익으로 전환된다. TV홈쇼핑 채널의 수익 일정 부분이 플랫폼 사업자에게로 이동하는 것이다. 이는 국내 유료방송 산업의 규모를 확대하고 시장을 안정화시킬 수 있었던 핵심적 요인 중 하나로 평가받는다. 반면, 해외의 유료방송 플랫폼에서 안정적으로 채널을 배정받기 위해서는 해당 국가의 케이블TV 방송국 사업자와의 공동 투자 등이 필수적이다. 일시적 비용 문제 이외에도 지속적으로 TV홈쇼핑 채널 편성을 확보할 필요가 있기 때문이다.

내수 의존적인 국내 TV홈쇼핑 산업은 다양한 규제와 성장성의 한계에 직면하였다. 첫째, 유료방송 가입자 수 증가세가 정체되면서 TV홈쇼핑에 접근할 수 있는 가입자 규모의 확장 또한 정체되었다. 이를 우회하기 위하여 모바일이나 인터넷을 통한 상품 판매채널을 확대하거나 온라인과 오프라인을 통합한 옴니채널 방식의 상품 판매 전략이 제시되기도 하였다. 그러나 TV홈쇼핑 산업계는 가장 중요한 플랫폼인 TV의 접근성과 영향력을 최대한 활용할 필요가 있다.

둘째, TV홈쇼핑 채널을 송출하는 케이블TV나 IPTV 등 플랫폼 사업자에게 지불되는 송출수수료가 매년 증가하고 있다. 더 많은 유료방송 가입자에게 TV홈쇼핑 방송을 전달하기 위해서는 가입자가 많은 플랫폼에서 좋은 채널 번호를 확보하는 것이 가장 효율적이다. 이러한 상황은 플랫폼 사업자가 TV 홈쇼핑 사업자들에게 더 많은 송출수수료를 요구하는 요인이다. TV홈쇼핑 사업자가 플랫폼 사업자에게 지불하는 송출수수료의 총매출에 대한 비중이 점차 늘어나면서 이러한 부담을 완화시키려는 전략적 고민이 요구되는 시점이 찾아온 것이다.

셋째, TV홈쇼핑 채널이 급속하게 늘어나면서 경쟁이 심화되었다. 국내 TV홈쇼핑 사업이 처음 시작되었던 1990년대에는 단 2개의 TV홈쇼핑 채널만 설립, 운영되었다. 그러나 이후로 TV홈쇼핑 채널이 점차 늘어났으며 2017년 기준으로 7개의 TV홈쇼핑 채널과 10개의 데이터 기반 T커머스 채널이 활동하게 되었다. 이렇게 TV홈쇼핑 채널이 늘어난 이유 중 하나는 중소기업 상품의 판로를 확대하려는 국가 정책이 반영된 것이다. TV홈쇼핑에서 대기업 상품보다 중소기업 상품을 다루면 다양한 소상공인이 활성화될 수 있을 것이라는 기대가 투영된 것이었다. 그러나 정책적으로 도입된 TV홈쇼핑 채널이 지나치게 많아지면서 개별 사업자의 수익성이 감소한 것은 물론, 유료방송 시청자의 혼란을 증가시키는 여러 쟁점도 야기되는 상황이다.

4. 2010년 이후의 본격적인 해외 진출

국내 TV홈쇼핑 채널의 해외 진출이 본격화된 것은 2010년 이후이다. 이는 국내 시장의 위축에 따라 TV홈쇼핑 채널 사업자들이 새로운 시장을 개척하려는 시점이었다. 국내에서 백화점이나 카탈로그 쇼핑 등 기존의 전통적인 상품 판매·유통채널의 성장 추세가 약화되면서 새로운 시장이 필요성이 높아졌다.

더욱이, 이전까지 매년 막대한 영업이익을 기록해 왔던 TV홈쇼핑 사업은 경쟁이 치열해지면서 점차 수익성 감소를 경험하기 시작했다. 다수의 TV홈쇼핑 사업자가 새로 시장에 진입한 것은 물론, T커머스 또한 기존의 TV홈쇼핑 채널과 유사한 방식으로 상품 판로를 확대하였다. 기존 TV홈쇼핑 사업자들의 외형적인 매출은 아직 증가세를 유지하지만 실질적인 수익성은 감소 추세로 바뀐 것이다. 이에 따라 내수 시장에 의존해 왔던 기존의 TV홈쇼핑 사업자들은 새로운 지리적 시장 및 상품 판매 방식을 모색할 수밖에 없었다. 모바일 중심의 커머스를 확대하는 동시에 중국 등 해외 시장을 개척함으로써 지속가능한 성장을 유지하는 전략이 필요해진 시점이었다.

국내 TV홈쇼핑 사업자들의 해외 진출은 CJ오쇼핑, GS홈쇼핑, 현대홈쇼핑 등 3개 기업을 중심으로 이루어지고 있다. 후발 TV홈쇼핑 채널에 비해 그동안의 매출 및 영업이익 규모 그리고 경험 측면 등에서 강점을 가졌기 때문이다. 이 중 가장 먼저 해외 진출을 시도했던 기업은 현대홈쇼핑이다. 2003년에 현대홈쇼핑은 중국 북경에 단독으로 투자를 했지만 수익성 악화로 인하여 곧 중국 시장에서 철수했다. 중국 시장을 개척하기 위한 준비가 부족하였으며, 특히 단독 투자 방식으로는 중국 시장에 진입하기가 쉽지 않았던 것으로 보인다.

CJ오쇼핑은 단독 투자가 아닌 합작 투자 방식으로 중국에 진출했다. 2004년에 CJ오쇼핑은 중국 상하이미디어그룹과 합작하여 동방CJ를 설립했다. 동방CJ는 합작 기업으로 중국 시장에 대한 이해도가 높았고 좋은 네트워크를 갖출 수 있었기에 빠른 시간 내에 어느 정도의 성과를 이루었다. 가장 앞서 중국 시장에 진출한 현대홈쇼핑은 단독 투자의 한계를 극복하지 못했던 반면, CJ오쇼핑은 합작 투자를 통하여 비교적 원활하게 중국 시장 진출을 달성한 것으로 볼 수 있다.

GS홈쇼핑 역시 2006년에 중국 충칭 지역에 진출했지만 중국 시장을 완전히 이해하지 못한 상황에서 투자가 이루어지면서 실패를 경험하였다. 해외에 진출하기 위해서는 해당 시장을 깊게 이해하는 사업자와의 합작이 필요할 뿐만 아니라 규제 및 제도 관련 기반, 또는 다른 사업자와의 네트워크 등과 같은 인프라의 구축이 필수적이다. GS홈쇼핑은 앞선 실패를 교훈삼아 2009년부터 인도를 포함한 아시아 지역 내 투자를 강화하였다. 해외 진출에 따른 여러 문제점이 존재했음에도, 점차 성

〈표 5-1〉 국내 TV홈쇼핑 사업자들의 해외 진출 현황

홈쇼핑 기업	진출 지역	사업 형태	이름	진출 시기
CJ오쇼핑	중국(상해)	합작법인(중국 SMG)	동방CJ	2004
	중국(천진)	합작법인	천천CJ	2008
	인도(몸바이)	합작법인(인도 STAR TV)	스타CJ	2009
	일본	일본 프라임쇼핑 인수	CJ프라임쇼핑	2011
	베트남	합작법인(베트남 SCTV)	SCJ	2011
	태국	합작법인(GMM Grammy)	GCJ	2012
	터키	합작법인(Media SA)	MCJ	2012
	필리핀	합작법인(ABS-CBN)	ACJ	2013
GS홈쇼핑	중국(충칭)	현지법인, 2010년 방송중단	충칭GS홈쇼핑	2005
	인도(몸바이)	지분투자	홈샵18	2009
	태국	합작법인	트루GS쇼핑	2010
현대홈쇼핑	중국(광동)	현지법인	홍야홈쇼핑	2003
	중국(상해)	합작법인(재진출)	상해현대가유홈쇼핑	2010
	태국	합작법인(인터치 미디어)	-	2015
	베트남	합작법인(VTVcab, VTVB)	-	2016
롯데홈쇼핑	대만	합작법인	모모홈쇼핑	2005
	중국	지분투자	럭키파이	2010
NS홈쇼핑	미국(LA)	현지법인	NS미주법인	2010
	중국(상해)	현지법인	NS중국법인	2011

자료: 〈EBN〉(2011. 1. 13), 〈전자신문〉(2014. 2. 11), 〈더벨〉(2016. 2. 24)의 내용을 종합함.

장성이 낮아져 가는 국내 TV홈쇼핑 사업에만 의존할 수 없다는 딜레마가 있었기 때문으로 해석된다.

현재 해외 10개국 이상에 국내 주요 TV홈쇼핑 채널이 진출하여 있다. 국내 TV홈쇼핑 채널의 핵심 시장 국가는 중국, 태국, 베트남, 터키, 인도 등이다. 인구가 많고 소득 수준이 높으면서 젊은 연령층의 소비 성향이 강하고, 이에 더하여 미디어를 포함한 이동통신 등 커뮤니케이션 인프라가 충분히 성장한 국가들이다. 이 국가들은 대부분 아시아에 위치해 있다. 한류와 마찬가지로 국내 TV홈쇼핑의 해외 진출이 아시아 국가를 중심으로 시작되어 성장하고 있음을 살펴볼 수 있다.

핵심 해외 진출국을 제외하면, 개별 사업자별로 독자적인 시장을 구축하려는 시도도 나타난다. 예를 들어 GS홈쇼핑은 러시아, CJ오쇼핑은 멕시코 등 성장 가능성이 높은 시장을 대상으로 해외 진출을 강화하는 추세이다. 중국을 포함한 아시아 시장을 바탕으로 하되, 소비재의 소비 규모가 큰 틈새 국가를 차기 핵심 시장으로 설정하여 이들 국가를 대상으로 해외 진출 전략을 준비하려는 것이다.

결론적으로, 국내 시장의 TV홈쇼핑 채널이 늘어나 경쟁이 치열해지고 각 TV홈쇼핑 채널의 성장성이 둔화되기 시작했던 시기부터 TV홈쇼핑 사업자들은 내수 시장의 성장성 한계를 해외 시장 개척을 통해 극복하겠다는 전략을 준비한 것으로 보인다. 2010년 이후로는 국내 TV홈쇼핑 기업의 해외 진출 및 성과 확보에 대한 목표가 좀더 뚜렷하게 나타나기 시작했다. 특히 이들은 이미 2003년부터 시작된 TV홈쇼핑 채널들의 해외 시장 진출의 여러 경험을 바탕으로 해외 시장을 수익성이 높은 알짜배기 시장으로 바꾸겠다는 목표를 세웠다.

예를 들어 CJ오쇼핑은 해외 시장 창출을 통한 취급고 확대를 바탕으로 글로벌 정상급 TV홈쇼핑 기업으로 성장하는 것을 목적으로 삼았다. 특히 해외 매출을 높여 취급고 세계 1위를 달성하는 것을 목표로 설정하였으며, 세계 TV홈쇼핑 사업을 이끄는 QVC를 잠재적인 경쟁 기업으로 정하기도 했다. CJ오쇼핑은 해외 시장의 다변화를 통해 중국 의존도를 낮추면서 그 외의 성장성이 높은 신규 시장을 모색하기도 하였다. 아시아 시장 중심의 전략에서 유럽 등 새로운 시장을 대상으로 한 적극적 진출 전략을 세우게 된 것이다.

한편 현대홈쇼핑은 경쟁 기업들에 비해 늦게 해외 진출을 시작했던 만큼 중국 시장 재진출 등을 포함하여 해외 진출 다변화를 핵심 전략으로 설정했던 것으로 보인다. 현대홈쇼핑은 초기에 중국 시장에 진입하였다가 실패한 경험으로 인해 해외 시장 진출을 쉽게 시도하지 못하였다. 철저한 준비가 선행되지 않으면 실패 가능성이 급격히 높아지는 것이 해외 시장의 기본적 특성임을 배웠기 때문이다. 그러나 현대홈쇼핑은 해외 진출 실패의 경험을 밑거름삼아 터키, 인도, 중동 등 성장 가능성이 높은 새로운 지역을 진출 시장으로 설정하였다. 중국 이외의 시장에 투자함으로써 국내 TV홈쇼핑 사업을 새롭게 글로벌화하려는 전략인 셈이다.

국내 TV홈쇼핑의 해외 진출이 늘어남에 따라 해외 취급고 규모도 크게 성장했다. CJ오쇼핑은 2004년의 해외 취급고가 180억 정도였지만 2013년에는 1조 7,970억 원으로 성장했다. GS홈쇼핑 역시 2014년에는 8,941억 원의 해외 취급고를 기록하였고 2015년에는 1조 5천억 원 이상으로 추정되었다(〈국민일보〉, 2015. 4. 6).

이러한 국내 TV홈쇼핑 사업자들의 해외 진출은 직접 진출보다는 해외 합작을 통해 간접적으로 이루어지는 방식이 보편적이다. 기존의 방송 프로그램 수출에서와 같이 해외 시장 진출은 위험도가 높기 때문이다. 해외 진출에 따르는 위험을 줄이는 한편 해당 국가의 사회, 문화, 경제적 현황과 맥락을 잘 이해하기 위해서는 현지 파트너 기업이 필요한 셈이다. 단일 기업으로 해외 시장에 진출한다면 수익을 독차지하는 만큼 이익이 클 수도 있지만 투자 리스크 역시 매우 높아지기 때문에 TV홈쇼핑 채널의 해외 시장 진출은 합작 방식의 진출이 효율적이다.

5. 한류와 TV홈쇼핑의 해외 진출

TV홈쇼핑이 해외 시장에 진출할 수 있었던 중요한 이유 중의 하나는 한류의 영향이다. 한류를 통해 아시아 국가들 사이에서 한국의 이미지가 좋아졌을 뿐만 아니라 한국 상품이나 서비스에 대한 선호도도 증가하였으며, TV홈쇼핑의 해외 진출도 이와 무관하지 않았다. 이렇듯 국가 간 상품 거래는 단순히 가격이나 품질 등으로만 결정되는 것이 아니며 문화적 근접성 등 문화요인의 영향도 적지 않게 받을 수 있다.

　TV홈쇼핑의 해외 시장 진출은 한류 등을 통해 누적된 다양한 문화 교류로부터 긍정적인 영향을 받았다고 할 수 있다. 국가 간에 이루어지는 다양한 정치, 경제, 문화 등의 연결점은 여러 방향에서 형성되는 국가 간 네트워크를 구성하고 영향을 미친다. 예를 들어 두 국가 간 무역이 증가할수록 인적 교류와 문화적 교류가 늘어나고, 이에 따라 상대 국가의 상품에 대한 선호도가 생길 수 있다.

이는 국가 간의 다양한 거래와 네트워크 구성에 따라서 개별 국가의 문화 콘텐츠 및 전자상거래가 확대될 수 있음을 의미한다. 실제로 평소에 한국과 무역 거래가 많은 국가일수록 한국 문화와 콘텐츠에 대한 선호도 및 구매의도 역시 증가한다. 결과적으로 한류의 성공적인 해외 진출은 한국 TV홈쇼핑의 해외 시장 진출에 적지 않은 도움을 주었다고 할 수 있다. 해외 시장에서 바라보는 한국 및 한국 상품에 대한 이미지가 좋아졌기 때문이다.

한편 TV홈쇼핑 산업에는 쇼핑과 엔터테인먼트가 결합된 '쇼퍼테인먼트'(shoppertainment)의 속성도 적지 않다. 기존의 QVC와 같이 세계 TV홈쇼핑을 이끌어 갔던 미국 TV홈쇼핑 사업자들도 단순히 상품의 정보 등을 TV로 전송하는 수준으로 프로그램을 제작하였다. 반면, 국내 TV홈쇼핑 사업자들은 연예인을 출연시키거나 여행이나 의류 등 다양한 상품을 판매함으로써 즐거움과 세련됨을 동시에 충족시킬 수 있는 수준의 홈쇼핑 프로그램을 제작해 왔다. 이는 TV를 통한 상품 판매 방식에서의 혁신을 보여 준다.

그동안 TV홈쇼핑을 통해 시작된 쇼핑 또는 유통 한류는 아시아 시장에서 비교적 좋은 성과를 기록했다. 한국의 TV홈쇼핑 채널들이 국내 시장에서 다년간 TV홈쇼핑 사업을 운영한 경험을 바탕으로 국내·외의 고품질 상품을 세련된 프로그램을 통해 적극적으로 해외 시장에 소개함으로써 한류의 영역을 유통 부분까지 확대한 것이다. 특히 중국이나 베트남 등 한류 소비 성향이 높은 국가에서 한국 TV홈쇼핑의 매출이 컸던 것으로 분석된다. 이는 한류 네트워크가 방송 프로그램을 넘어서서 문화와 경제의 다양한 차원으로까지 확대될 수 있음을 시사한다. 그렇기에 최근의 한류가 K-드라마, K-팝은 물론 한국 음식, 마침내는 TV홈쇼핑에 이르기까지 다양한 방식으로 성장한 것이다.

TV홈쇼핑을 비롯하여 한류 콘텐츠의 성장을 기반으로 한 해외 진출 사례는 서로 유사성이 높다. 이를 더 넓은 시각에서 살펴보면 한국 콘텐츠의 해외 진출로 개념화할 수 있다. 하나의 콘텐츠가 해외에서 좋은 평가와 반응을 이끌어낼 때 다른 국내 콘텐츠들도 이에 연동되어 해외에서 성장할 가능성이 확대된다. 한국 TV홈쇼핑 사업자가 제작한 상품 판매 콘텐츠의 형식에서부터 해당 국가의 TV홈쇼핑 채널을 통해 판매되는 한국 상품에 대한 신뢰도, K-드라마와 K-팝 등과 같은 한국 대중문화를 향한 긍정적 태도와 취향 등이 함께 연동되어 움직인다는 사실은 궁극적으로 한국계의 다양한 콘텐츠가 서로 잘 융합될 수 있는 유사성이 있음을 보여 준다.

이를 바탕으로 하여 최근에는 서로 다른 영역에 있던 한류 콘텐츠를 결합하려는 시도도 찾아볼 수 있다. 예를 들면 기존 지상파 미디어 콘텐츠와 TV홈쇼핑 채널 간 전략적 제휴가 대표적이다. 2017년 KBS미디어와 현대홈쇼핑이 맺은 전략적 제휴를 이러한 흥미로운 제휴의 사례로 제시할 수 있다. 두 기업은 한류 콘텐츠 채널을 설립하고 광고 시간에는 국내 중소기업의 상품을 판매한다는 공동 계획을 추진하기로 결정했다(〈전자신문〉, 2017. 7. 13). 이러한 전략적 제휴는 새로운 가치 창출을 목표로 한다. 이 사업자들이 추진하는 계획에서는 국내 지상파방송사 또는 그 권한을 위임받은 계열사가 한류 콘텐츠를 소유하고, 실질적인 TV홈쇼핑 프로그램 기획 및 운영은 기존 TV홈쇼핑 채널이 담당한다. 이렇듯 전문화를 함으로써 발생하는 시너지를 기대한 것이다. 뿐만 아니라 이 기획에는 한류로 구축된 다양한 한국의 이미지를 강화하고, 한류 콘텐츠를 해당 국가의 채널에서 방송하면서 동시에 상품 광고 및 판매도 할 수 있다는 이점이 있다.

이상의 검토를 통하여 국내 TV홈쇼핑의 해외 진출은 다른 글로벌 네트워크와 연계성이 높다는 것을 알 수 있다. 다른 국가와의 정치, 경제, 문화적 연계성이 높고 커뮤니케이션이 많을수록 새로운 거래 또는 관계를 형성하기에 용이하다. 국가 간 관계나 친밀도가 높을수록 해외 진출에 유리해지는 것이다. 최근의 사드 문제로 인해 중국과의 정치적 친밀도가 줄어들게 되면서 TV홈쇼핑의 해외 진출 성과도 악영향을 받게 된 것이 반대의 사례라고 할 수 있다. 2017년, 중국에는 CJ오쇼핑, GS홈쇼핑, 현대홈쇼핑, 롯데홈쇼핑 등이 진출해 사업을 진행하고 있었다. 그러나 어느 정도 성과를 거두었던 중국 진출 초기와는 달리, 정치적 쟁점과 갈등이 부각되기 시작하자 국가 간 경제 교류 규모가 축소되면서 TV홈쇼핑 사업에도 부정적 영향이 미치는 경험을 하게 되었던 것이다.

6. TV홈쇼핑 해외 진출의 위축

2017년에 들어서면서 한국 TV홈쇼핑 기업의 해외 시장 진출은 여러 가지 장벽에 직면하게 되었다. 주요 국가별로 정치, 사회적 불안정성이 늘어나고 소비와 판매가 하락하면서 수익성 자체가 위축되기 시작했다. GS홈쇼핑은 터키 사업 철수를 계획한 것으로 알려졌으며, CJ오쇼핑도 터키, 일본, 인도, 중국 내 사업 투자를 철회하는 등의 방식으로 글로벌 투자에서 후퇴하고 있다(〈헤럴드경제〉, 2017. 5. 29).

특히 그 중에서도 가장 규모가 큰 판매 시장인 중국에서의 어려움이 두드러졌다. 사드 배치와 같은 정치적 문제가 쟁점화되면서 국내 유통 기업들의 중국 내 사업이 정체되기 시작한 것이다. CJ오쇼핑은 중국 내에 동방CJ, 천천CJ, 남방CJ 등 3개의 합작 투자 회사를 소유하였다. 그러나 동방CJ는 순이익을 기록하는 반면, 남방CJ는 손실 규모가 증가하여 사업 철수를 모색하는 상황이다. 롯데홈쇼핑도 충칭 운영권을 매각하였고, 다른 2곳에 대한 투자도 철수할 가능성이 높다. 또한 GS홈쇼핑은 2015년 이후로 합작 투자에 따른 배당금 성과가 없었고, 현대홈쇼핑의 경우에는 중국 합작사와의 갈등으로 방송 송출이 중단되었다(〈연합인포맥스〉, 2017. 7. 7). 한국 TV홈쇼핑 사업자들의 가장 핵심적인 진출 시장이라고 평가받는 중국 시장에서 수익성 하락과 한류 규제 등의 상황이 복합적으로 나타나자 해외 시장 철수나 규모 축소 등으로 영향을 미쳤다고 볼 수 있을 것이다.

국내 TV홈쇼핑 기업의 해외 시장 위축 및 철수는 해당 국가의 정치적 위험도 증가와 실질적인 순익 확보 달성이 어렵다는 현실적 판단에 기초한다. 국내 TV홈쇼핑 사업자들의 전체 매출은 비교적 좋은 편이지만 해외부문 매출은 중국 일부를 제외하면 대부분 수익이 아닌 손실로 바뀌었다. 예를 들어 CJ오쇼핑은 2017년 전체 취급고 및 영업이익이 크게 증가했지만 해외부문 영업이익 규모는 줄어들었다. 이는 중국 시장뿐만 아니라 인도와 터키 등 신흥 시장이라 평가되었던 시장에서도 성과가 좋지 않았기 때문이다. 언론보도에 따르면 GS홈쇼핑은 중국 차이나홈쇼핑 그룹에 지분투자를 하여 배당금을 받아 왔지만 2015년부터 배당금을 받지 못함에 따라 투자 대비 수익을 거의 거두지 못하거나 수익이 아닌 손실을 기록하게 되었다. 해외 시장 진출에서는 지속적 수익성이 확보되지 않는다면 단기간 내에라도 사업이 중단될 가능성이 상존한다.

더 나아가, 중국 시장을 포함한 대부분의 해외 시장에서 현지 사업자와 합작 투자를 함으로써 단독 진출에 비해 투자의 위험은 줄일 수 있었지만, 반면 합작사와의 갈등 문제가 드러나기도 하였다. 합작 법인 수익성이 높을 때에는 수익을 독점하려는 현지 사업자와 갈등이 발생하여 문제가 되는 반면, 수익성이 낮을 때에는 투자 자체를 철회해야 한다는 딜레마가 야기되는 것이다(〈연합인포맥스〉, 2017. 7. 7). 앞서 언급한 것처럼 현대홈쇼핑은 합작으로 설립한 가유홈쇼핑의 송출이 중단되면서부터 실질적인 영업이 불가능해졌는데, 이는 투자에 따른 합작사와의 경영권 갈등 등으로 인한 것이었다(〈아시아경제〉, 2017. 8. 10).

국내 대표적인 TV홈쇼핑 채널들의 해외 성과를 더 구체적으로 살펴보면 다음과 같다. 2017년 상반기 자료를 살펴보면 CJ오쇼핑의 해외법인 실적은 말레이시아를 제외하면 모두 당기순손실을 기록한 것으로 나타났다. 일본의 CJ프라임쇼핑은 2016년 상반기에 비해 매출이 대폭 감소한 것으로 나타났으며 당기순손실을 기록했다. CJ IMC(중국) 법인은 2016년 상반기에 매출 145억 정도, 순손실 26억이었으며 2017년 상반기에는 매출 50억 원, 순손실 22억 원을 기록했다. 또한 CJ오쇼핑은 중국 진출의 성공적 사례로 꼽혀 왔으나, 이제 중국 사업 구조조정에

<표 5-2> 2016년, 2017년 상반기 CJ오쇼핑 종속법인의 실적

단위: 천 원

기업명	2016년 상반기		2017년 상반기	
	매출	순손익	매출	순손익
CJ프라임쇼핑 (일본)	5,537,012	-705,066	161,713	-157,931
CMI홀딩스 중국	-	-140,248	-	-125,640
CJ IMC 중국	14,495,167	-2,615,367	4,951,514	-2,219,415
CJ IMC 베트남	1,794,710	-329,315	2,443,465	-346,690
CJ IMC 태국	2,242,666	-254,447	1,434,476	-559,370
CJ IMC 터키	439,176	-291,543	청산	
CJ IMC S.A. DEC.V.(멕시코)	3,976,134	326,331	1,866,648	-929,747
CJ IMC 말레이시아	2,439,189	578,746	2,380,910	37,866
계	30,924,054	-3,430,909	13,238,726	-4,300,927

자료: <CEO스코어데일리>(2017.8.22.). "CJ오쇼핑, 해외손실폭 확대… 중국·인도 적자난 심각".

들어갔다. 적자가 누적된 중국 광저우 기반의 남방CJ 사업을 철수할 예정이며 동방CJ 철수설도 회자되었다(<세계일보>, 2017. 9. 17). 이와 같은 추세는 베트남, 태국 등에서도 나타났으며, 터키 사업부문은 청산, 멕시코는 당기순이익에서 순손실로 전환, 말레이시아는 순이익 규모가 전년 대비 줄어든 것으로 나타났다.

GS홈쇼핑 역시 해외사업 실적이 좋은 편은 아니다. GS홈쇼핑은 인도를 비롯해 태국, 중국, 베트남, 인도네시아, 터키, 말레이시아, 러시아 등 주요 국가에 지분투자 방식으로 해외 진출을 하였다. 인도에서는 2013년 이후로 취급액 규모가 약간 증가하였으나 계속 당기순손실을 기록하는 등 수익성이 좋지 않은 것으로 나타났다. 태국에서도 유사한 추세가 나타났다. 중국 시장의 취급액 규모는 계속 증가세를 나타내었지만 2014년 당기순이익 규모가 가장 크게 늘어난 이후로 2015년에

<표 5-3> GS홈쇼핑 해외 실적 추이

단위: 억 원, %

구분		인도	태국	중국	베트남	인도네시아	터키	말레이시아	러시아
투자금액		40.6	2.8	51.2	1.5	4.5	3.0	6.8	8.0
지분율		16.6	35.0	28.2	30.0	40.0	15.0	40.0	40.0
취급액	2013	2291	230	4120	54	88	35	-	-
	2014	2909	227	5532	82	95	57	39	-
	2015	2376	316	6896	165	75	54	522	-
	2016	2042	306	6790	201	73	31	736	2
당기순이익	2013	-209	-20	136	-2	-15	-94	-	-
	2014	-292	-24	414	-2	-19	-102	-49	-
	2015	-129	-11	92	1	-39	-104	-64	-
	2016	-262	-35	198	1	-12	-29	-51	-68

자료: 〈IBK투자증권〉(2017.3.20). "산업분석보고서".

는 큰 폭으로 감소, 2016년에는 다시 상승하는 등 불안정한 모습을 보여 주었다. 베트남에서의 취급액은 늘어났지만 순이익 규모가 크지 않았으며, 인도네시아는 취급액이 줄어드는 동시에 수익성도 계속적으로 낮은 것으로 나타났다.

현대홈쇼핑은 해외 사업 진출을 핵심 전략으로 설정해 본격적인 진출을 추진 중이다. 특히 아시아 지역을 포함한 중동 및 동유럽 시장 진출을 목표로 한 것이 특징이다. 그러나 현대홈쇼핑은 2017년 상반기 기준으로 중국, 태국, 베트남 등 주요 아시아 시장에서 모두 당기순손실을 기록하였다. 게다가 중국에서는 합작사와의 경영권 갈등으로 방송 송출이 중단되면서 손실 규모가 증가한 것으로 나타났다(〈아시아경제〉, 2017.8.10). 2010년에 중국 합작사인 가유홈쇼핑에 현대홈쇼핑이 지분 30%, 현대그린푸드가 5%를 투자하여 경영권을 확보했으나, 현대홈쇼핑의 매출이 점차 증가하면서 가유홈쇼핑이 사업을 종료하고 상하이에 독자적인 TV홈쇼핑 사업을 전개하면서 이러한 갈등이 나타난 것으로 보인다(〈한국경제〉, 2016. 8. 24). 그동안 광저우와 베이징 등을 목표로 중국 시장에 진출하였으나 본격적으로 사업을 추진하지 못했던 현대홈쇼핑은 이번 상하이 지역에서도 합작사와의 갈등 등을 이유로 중국에서의 사업에서 철수할 가능성이 높아졌다.

한편 롯데홈쇼핑은 2004년 대만 시장에 진출하여 2005년에는 모모홈쇼핑이라는 채널을 설립했다. 대만 시장은 다른 TV홈쇼핑 채널이 진출하지 않았던 시장으로, 롯데홈쇼핑은 2008년 이후로 대만에서 규모와 기업 가치 및 성장 측면에서 가장 크고 효율적인 투자 자산을 확보하게 되었다. 그러나 롯데쇼핑과 롯데홈쇼핑이 중국의 럭키파이를 인수하기 위해 2010년에 설립한 페이퍼컴퍼니 LHSC에 대한 투자는 성공적이지 못했다. 롯데그룹은 럭키파이 지분투자를 통해 중국 시장에 진출하였으나, 럭키파이의 수익성이 좋지 않았을 뿐만 아니라 럭키파이의 사업을 조정하는 과정에서 더 큰 장벽에 직면하게 되었다. 결국 럭키파이는 사업 수익성이 낮은 산둥 및 윈난 법인을 모두 매각하고 충칭 TV홈쇼핑 사업부문만 운영할 것으로 알려졌다. 그동안 롯데그룹은 LHSC에 대해 100% 지분을 확보하는 등 적극적인 투자를 추진했지만 투자액은 모두 손실로 처리되었다(〈Business Watch〉, 2017. 6. 7). 그 결과, 롯데홈쇼핑은 대만 시장에서는 적지 않은 성과와 수익성을 기록했지만 중국 시장에서는 큰 규모의 손실만 기록하였다.

TV홈쇼핑 사업자들의 중국 진출 결과를 보면, 중국 시장은 가장 매력적인 시장이지만 또 한편으로는 그만큼 가장 위험도가 높은 곳임을 알 수 있다. 한류 콘텐츠와는 다르게 TV홈쇼핑 채널은 한국의 중소기업 제품과 독자적인 TV홈쇼핑 프로그램 제작 기술을 중국 시장에 이전함으로써 새로운 가치를 창출하려는 목적으로 중국 시장에 진출하였지만 규제 등으로 인한 시행착오에 빠진 것으로 분석된다.

국내 TV홈쇼핑 기업들의 해외 시장 진출을 두고 속빈 강정이라고 비판하는 목소리가 늘어난 것은 TV홈쇼핑사들이 해외 시장의 달콤함 이면의 수익성 및 국가별 규제 문제에 적절하게 대응하지 못하면서 나타난 결과이다. 해외 시장은 TV홈쇼핑에 대한 신뢰도 문제와 유통 네트워크, 결제 방식, 모바일 플랫폼 이용 가능성 등 여러 측면에서 국내의 TV홈쇼핑 시장과는 크게 다르다. 단순히 특정 국가가 시장 확대 가능성이 높고 소비 성향이 강할 것으로만 추정하여 진출하는 것은 그만큼 위험하다는 것을 잘 보여 주는 것이다.

앞서 서술하였듯이, 중국 시장뿐만 아니라 인도, 터키, 베트남, 인도네시아 등 국내 TV홈쇼핑 기업들이 전략적으로 진출한 시장에서 오히려 수익을 거두지 못하여 사업을 종료하거나 또는 종료를 검토하는 등 해외 시장 진출의 성과가 본격화되지 못하는 것으로 나타났다. 해외 시장 진출은 중장기 측면에서 투자가 이루어져야 하는 만큼 단기적으로 수익성이 나타나지 않는다고 사업을 종료할 필요는 없다. 그러나 국내 TV홈쇼핑 사업자들이 단순히 유통 채널 확보와 프로그램, 한류라는 측면에 기대어 해외 시장을 위한 준비가 미흡했을 가능성도 적지 않다. 기존 실패 경험을 바탕으로, 글로벌 전자상거래 시대에 맞추어 상품 및 서비스 유통과 판매를 이해하는 혁신적인 접근을 검토할 필요가 있다.

7. 새로운 전략 모색의 필요성

TV홈쇼핑 사업자들의 해외 진출은 국내 시장에서의 성장성 한계와 경쟁 심화에 부딪혀 새로운 시장을 모색하기 위한 시도였다. 2000년대 초반부터 다양한 방식으로 해외 시장 진출이 이루어져 왔으며 적지 않은 취급고를 기록하기도 했다. 그러나 해외 시장 진출은 그 자체가 위험과 기회를 동시에 의미하는 만큼, 여러 가지 사회, 문화, 경제적 트렌드 변화에 영향을 받아 왔다. 특히 가장 큰 시장으로 평가받는 중국 시장에서 사드 등과 같은 정치적 쟁점이 격화되면서 국내 TV홈쇼핑 사업자들의 해외 시장 영업을 약화시키기도 했다. 더욱이 인도와 터키 등 아시아 지역 이외의 새로운 성장 지역을 대상으로 한 투자 효율성은 오히려 하락하는 추세를 나타내었다.

이러한 사례를 통하여 해외 시장을 개척하는 일은 그 성과만큼 위험도도 작지 않다는 것을 확인할 수 있다. 국내 TV홈쇼핑 사업자들이 해외로 진출하는 데에는 다양한 장벽 및 쟁점들이 존재한다. 그러한 장벽을 뛰어 넘어서라도 새로운 수익 창출을 모색하려고 한다면 더 신중하고 확실한 준비 작업이 필요할 것이다. 해외 진출 과정에는 수많은 가변적인 요소들이 개입될 수 있기 때문이다. 예를 들어 사드와 같은 쟁점은 중국 시장에서에서의 기존 투자 자체를 약화시키는 핵심요인이 되기도 한다. 더욱이 국제 경제 현황이나 각 국가별 사회문화적 트렌드 변화, 인구요인의 변화 등도 국내 사업자의 해외 진출에 직접적인 영향을 미칠 수 있다.

또한 국내와는 다른 구조의 시장, 네트워크, 정치 및 사회, 문화적 차이를 극복하기 위해서는 좀더 해외 시장에 적합한 방식의 진출 프로그램이 필요하다. 해외 시장을 개척하기 위하여 해당 국가의 정치, 사회, 경제, 문화를 포괄적으로 이해하고 그 연관성 및 맥락을 이해할 필요가 있다. 국가 간 상품 거래는 국가 간 문화적 교류와 직접적인 연계성이 높기 때문이다. 그러므로 해외 시장 진출은 TV홈쇼핑 업계가 독자적으로 진출을 시도한다고 해서 쉽게 개척될 수는 없을 것이다. 다른 한류의 흐름이나 정치, 사회적 트렌드 및 쟁점을 중장기적으로 분석하고, 이를 기초로 한 좀더 장기적인 안목으로 충분한 준비 과정을 거쳐야 한다.

나아가 TV홈쇼핑의 해외 투자가 직면한 쟁점을 해결하기 위해서 내수 시장에 대한 전략적 접근과 해외 시장에 대한 재검토가 함께 진행될 필요가 있다. 우선 국내 시장에서 온라인 쇼핑몰, 특히 모바일 쇼핑으로 상품 판매 플랫폼의 축이 바뀌면서 기존 TV 플랫폼과의 연계 등이 핵심적 쟁점으로 나타났음에 유의해야 한다. TV홈쇼핑 매출이 차지하는 비율이 아직 낮지는 않으나, 조만간 모바일 쇼핑으로 대체될 가능성이 높다는 것이다. 이는 일반 이용자가 TV보다는 스마트폰 등의 기기를 통한 접근을 더욱 선호하게 될 것임을 의미한다. 이러한 세계적 추세에 발맞추어, 세계의 주요 상품 판매 사업자, 특히 QVC와 같은 사업자들은 TV홈쇼핑을 통하여 상품을 수출하는 방식 이외에도 온라인이나 모바일을 통한 상품 판매 등 소비자의 접근 방식을 다변화하였다. 국내에서도 여러 가지 플랫폼을 동시에 또는 다르게 이용할 수 있는 최적의 균형 모델을 탐색하는 작업이 선행되어야 할 것이다. 단순히 TV에만 의존하여 상품을 해외에 판매하는 비즈니스 모델은 그 한계가 명확하다. 대부분의 글로벌 상품 거래 이용자는 TV를 보완 플랫폼으로, 모바일 미디어를 핵심 플랫폼으로 이용하는 특성이 있음을 이해하고 이를 위한 접근 전략을 세워야 한다.

앞서 살펴보았듯이 사드와 같은 돌발적 정치 쟁점이 국가 간 무역이나 유통을 저해할 위험은 상존한다. 또한 때로는 경제와 문화 장벽 등으로 인해 진출 자체가 매우 어려울 수도 있다. 언어와 여러 가지 문화적 행동이나 패턴이 다르기 때문에 다른 문화적 상품이나 서비스를 그대로 수용하는 것은 분명 쉬운 일이 아니다. 이를 감안하더라도 해외 시장 진출은 긴요하다. 국내 사업자들이 가진 독창적이면서도 경쟁력 있는 지식 재산이 있다면 적극적으로 시장을 확대하는 것은 필수적인 전략이다. 미국의 할리우드 영화 산업이나 국내 방송 및 음악 한류의 경우에서 볼 수 있듯이, 내수 시장을 뛰어 넘어 해외 시장에 진출함으로써 얻는 성과는 적지 않을 것이다. 반면 자국 시장에만 의존할 경우에는 새로운 기획이나 창의적인 시도 등이 약화됨으로써 새로운 성장 시장을 창출하는 것이 점차 어려워진다. 신규 시장의 구축은 융합 시장을 구성하거나 또는 기존에는 살펴볼 수 없었던 창의적 시장을 만드는 작업으로부터 시작되는 경우가 많기 때문이다.

다만 글로벌 상품 거래가 모바일과 온라인 플랫폼으로 대부분 그 핵심이 바뀌었으니만큼 TV 플랫폼과의 효율적인 연계와 정확한 이용자 취향 분석을 통합해 새로운 해외 전략을 준비할 시점을 맞이하였음을 기억해야 한다.

제6장

TV홈쇼핑 사업자의 T커머스 포지셔닝*

김성철
고려대 미디어학부

1995년 한국홈쇼핑과 39쇼핑으로 막을 연 국내 TV홈쇼핑 시장은 이후 비약적으로 성장하여 대한민국 대표 쇼핑서비스 중 하나로 자리 잡았다. 《2015년 유통산업백서》에 따르면 2014년 기준 한국 TV홈쇼핑 시장의 규모는 9조 2, 900억 원으로 전년 대비 2.3% 성장했다(대한상공회의소, 2015). 1990년대 후반부터 케이블TV 가입자 수가 증가하고 40∼50대 여성을 중심으로 TV홈쇼핑의 인기가 지속적으로 상승하면서 국내 쇼핑 산업에서뿐 아니라 방송 산업에서의 TV홈쇼핑의 역할 또한 점점 더 중요해졌다. 국내 유료방송사업 매출에서 TV홈쇼핑이 차지하는 비중은 매년 증가하여 현재는 전체 매출의 4분의 1정도를 차지한다(〈연합뉴스〉, 2016.7.10).

그러던 중 2000년대 초에 양방향 디지털TV 방송이 등장하면서 TV홈

---

* 제 6장의 내용은 〈한국방송학보〉(2017년 1월)에 게재된 논문을 보완, 재구성한 것이다.

쇼핑 시장에 변화의 바람이 불었다. 쇼호스트가 일방향적으로 상품을 설명하는 방식의 TV홈쇼핑을 넘어선 새로운 차원의 TV쇼핑 서비스가 가능해졌고, 이는 지상파방송 시청자 수 감소로 점차 수익성이 악화되던 기존 TV홈쇼핑 업체들에게 신성장의 기회였다.

이러한 양방향 TV홈쇼핑 서비스는 'T커머스'(T-Commerce)로 불리는데, TV에 기반한 전자상거래(E-Commerce)를 의미한다. 디지털TV를 기반으로 리모컨 등을 활용하여 상품정보를 검색할 수 있을 뿐만 아니라 바로 구매, 결제까지 할 수 있다. 2005년 3월 방송통신위원회가 GS홈쇼핑, CJ오쇼핑, 현대홈쇼핑, 우리홈쇼핑, NS홈쇼핑 등의 다섯 개 TV홈쇼핑사와 KTH, SK브로드밴드 등의 5개 사업자, 총 10개 사업자에게 T커머스 사업 승인 허가를 내주었다. KTH의 K쇼핑이 가장 먼저 2012년에 개국하였고, 뒤따라 나머지 사업자들이 서비스를 시작했다. 5개 TV홈쇼핑 사업자들은 10년 뒤인 2015년에 들어서야 T커머스 채널을 개국했다. 그러므로 본격적인 시장 형성은 2015년부터라고 볼 수 있다. 현재 T커머스는 케이블과 IPTV, 위성방송의 20~45번대 채널에 주로 위치한다.

그러나 디지털방송의 활성화와 함께 빠르게 성장할 것으로 기대되었던 T커머스 시장은 예상외로 지난 10년간 자리를 잡지 못했다. T커머스 사업자들의 불성실한 사업 운영, 정부의 관리감독 부재 등 여러 문제가 시장 활성화 지연의 원인으로 언급되지만, 핵심적인 문제는 소비자의 인식 속에 T커머스가 기존의 TV홈쇼핑과 크게 다를 것 없이 비슷한 TV쇼핑 서비스에 그친다는 것이다(채수웅, 2014. 6. 27). 현재 소비자 입장에서 TV를 통해 접할 수 있는 쇼핑 채널로서 10개의 T커머스 채널과 함께 기존의 6개 홈쇼핑 채널 그리고 공영홈쇼핑 채널까지 더하여 유사한 채널이 총 17개나 된다. 소비자는 더 익숙하고 엔터테인먼트 요소까지 갖춘 TV홈쇼핑과 가격 및 정보 면에서 더 뛰어난 인터넷 쇼핑 사이에서 T커머스가 정확히 어떤 강점을 가지는지, 어떠한 서비스인지 구별하기 어렵다.

T커머스 사업의 성공 여부는 5개 TV홈쇼핑 사업자를 포함한 T커머스 사업자뿐 아니라 국내 유료방송 산업 전체에 영향을 미칠 수 있다. 앞서 언급했듯 TV홈쇼핑은 국내 유료방송 시장에서 전체 매출의 4분의 1가량을 책임지는 매우 중요한 역할을 하는데, 유료방송 영향력의 약화, 모바일 및 소셜커머스 쇼핑의 성장 등으로 인해 TV홈쇼핑의 매출은 성장 정체에 들어선 반면 송출수수료 부담은 계속 증가하는 추세이어서 상황이 더 어려워졌다. 이러한 위기의식 아래 T커머스는 TV홈쇼핑 시장의 돌파구로 주목 받는다.

그러나 비교적 역사가 긴 TV홈쇼핑에 대한 연구는 지난 20년간 방송, 경영, 유통, 광고 등의 분야에서 꾸준히 이루어져 온 반면, T커머스에 대한 연구는 아직까지 소극적으로만 이루어졌다. 특히 오늘날 소비자가 자신의 집에서 쇼핑을 하기 위하여 가장 쉽게 이용할 수 있는 TV홈쇼핑, 인터넷 쇼핑 등을 T커머스와 비교한 소비자 연구는 거의 없는 실정이다.

제6장에서는 소비자가 T커머스와 TV홈쇼핑, 인터넷 쇼핑을 방문하게 만드는 결정요인과 각 쇼핑채널에서의 구매 및 지속적인 이용을 하도록 하는 결정요인을 분석함으로써 T커머스가 향후 어떤 서비스로 포지셔닝되어야 할 것인지 방향을 제시하고자 한다.

1. T커머스의 개념 및 특징

T커머스란 텔레비전(*television*)과 커머스(*commerce*)의 조합어로서 인터넷으로 상품을 주문하는 전자상거래가 TV라는 플랫폼을 통해 이루어지는 것을 의미한다(최현정·박준홍·나건, 2013). 즉, 디지털TV를 기반으로 리모컨과 같은 기기를 활용하여 상품정보를 즉각적으로 검색하고 주문과 결제까지 한 번에 진행할 수 있는 인터넷 기반 양방향 쇼핑 서비스인 것이다.

T커머스는 독립형(*standalone*)과 연동형(*enhanced*)으로 구분할 수 있다. 독립형 T커머스는 일반방송 프로그램과는 상관없이 독립적인 채널을 확보하여 쇼핑 서비스를 제공하는 방식이다. 기존의 TV홈쇼핑 채널과 비슷한 형태를 띠며 KTH의 K쇼핑, SK브로드밴드의 B쇼핑, CJ오쇼핑의 CJ오쇼핑플러스 등 현재 서비스 중인 대부분의 T커머스가 독립형으로 제공된다. 연동형 T커머스는 방송 중인 프로그램에 상품정보를 함께 내보내 제품을 판매하는 방식이다. 예를 들어 드라마 등의 영상 콘텐츠를 시청하는 중에 관심 가는 제품이 등장하면 리모콘으로 버튼을 눌러 해당 제품의 정보를 확인하고 바로 구매를 진행할 수 있는 서비스를 말한다. 이때 방송 시청 도중 특정 상품이나 서비스에 대하여 '트리거'(시청 중 화면에 뜨는 빨간 버튼)가 뜨면 리모콘으로 클릭하여 상세정보를 제공받을 수 있다. 상세정보는 SMS를 통해 스마트폰으로 링크를 받거나, 직접 소개 페이지로 넘어가 관련 정보를 추가적으로 봄으로써 얻을 수 있다. 현재의 국내 T커머스 채널은 독립형 T커머스 서비스를 주로 제공하며, 연동형 T커머스는 2015년 9월에 처음 시도된 후 아직

<표 6-1> TV홈쇼핑, T커머스, 인터넷 쇼핑의 비교

속성	TV홈쇼핑	T커머스	인터넷 쇼핑
소통방식	일방향	양방향	양방향
상품 다양성	제한적	다양	다양
소비자 태도	수동적	능동적	능동적
맞춤화 / 개인화	불가능	가능	매우 용이
검색 / 결제	불가능	가능	매우 용이
엔터테인먼트 요소	많음	적음	적음

자료: 허정욱 · 김태진(2013)에서 재구성.

시범 단계에 있다. 따라서 제 6장에서는 독립형 T커머스를 중심으로 T커머스를 설명하고자 한다.

〈표 6-1〉에서 볼 수 있듯이, T커머스는 TV홈쇼핑과 달리 양방향성, 상품의 다양성, 소비자 능동성 등의 속성을 특징으로 가진다(허정욱 · 김태진, 2013). 쇼호스트가 쉴 새 없이 쇼핑 정보를 제공하는 TV홈쇼핑은 일방향적인 소통 방식과 수동적인 소비자를 속성으로 가진 반면, T커머스는 소비자가 실시간으로 쇼핑 서비스와 소통할 수 있는 양방향성, 소비자의 능동성을 특징으로 한다. 또한 디지털TV의 특성상 많은 상품정보를 데이터화하여 항시 제공하기 때문에 생방송 중인 상품의 정보만 볼 수 있는 TV홈쇼핑과 달리 T커머스에서는 소비자가 더욱 다양한 상품정보를 언제든지 열람하고 구매할 수 있는 검색 및 결제 기능에 추가적으로 접근하는 것이 가능하다. 따라서 소비자는 더 능동적인 자세로 쇼핑을 즐길 수 있게 되는 것이다. 또한, 개별 소비자가 자주 검색하고 구매하는 상품정보를 누적하여 데이터로 활용하면 이용자는 시간이 지날수록 좀더 개인화된 맞춤형 TV쇼핑을 즐길 수 있다.

이러한 특징에서 알 수 있듯이, T커머스는 TV홈쇼핑과 인터넷 쇼핑

양쪽의 특성을 함께 가진다. 소비자에게 친숙한 TV라는 매체를 통해 상품정보를 제공한다는 점에서는 TV홈쇼핑과 비슷한 성격을 나타내지만 소비자의 능동성, 상품정보 검색과 결제 기능, 맞춤화 및 개인화 기능을 고려하면 인터넷 쇼핑과도 유사한 것이다. 그러나 인터넷 쇼핑은 매체 특성상 그 어떤 쇼핑매체보다도 폭넓은 상품 다양성을 제공하며 매우 정교하게 맞춤화 및 개인화된 쇼핑 서비스가 가능하다. 또한 검색과 결제가 매우 편리하고, 사용자가 서비스 제공자와 빠르고 편리하게 양방향으로 소통하면서 능동적으로 쇼핑할 수 있다. 컴퓨터 마우스를 통한 쇼핑 정보 검색 및 비교, 결제는 TV리모콘 조작을 통한 것보다 현저히 높은 편의성을 제공한다. 반면 엔터테인먼트 속성 면에서는 방송의 속성을 가진 TV홈쇼핑이 인터넷 쇼핑보다 뛰어나다.

그러나 실질적으로 현재 시행 중인 T커머스를 사용해 보면 위에서 나열한 T커머스의 강점이 잘 구현되지 못하였음을 발견하는 것이 현실이다. 필자의 연구팀은 이용자가 T커머스 서비스를 어떻게 느끼는지 알아보기 위하여 T커머스 이용자 10명을 대상으로 심층인터뷰를 진행했다. 그 결과, 현재 수준에서 T커머스는 화면 구성이 다소 복잡하고 리모콘 조작에도 한계가 있어 양방향성에 기반한 소비자의 능동적이고 효율적인 제품 검색과 주문은 사실상 구현되지 않는 것으로 나타났다. 시청 중에 바로 상품을 주문할 수 있는 '빨간 버튼' 기능 또한 반응속도가 느리고 주문 완료까지의 단계도 너무 복잡하여 중간에 주문을 포기하게 되는 경우가 많았다. 또한 현재의 T커머스는 사용자에게 획일적으로 상품을 추천하여 개인맞춤형 서비스를 제공한다고 보기 어려웠다. 따라서 T커머스 채널을 기존의 TV홈쇼핑 채널과 구분하기 어렵다는 것이 인터뷰 응답자들의 공통된 의견이었다. 오히려 엔터테인먼트적인 측면에서는 TV홈쇼핑이, 상품 다양성 면에서는 인터넷 쇼핑이 월등한 우위를 차지하였다. 결론적으로 현재의 T커머스 서비스는 아직 T커머스의 장점을 잘 구현해 내지 못하였다고 할 수 있다.

2. T커머스, TV홈쇼핑, 인터넷 쇼핑의 이용 및 구매요인

T커머스 연구는 2002년부터 시작되었으며 주로 양방형 데이터 기반, N스크린 환경에 적합한 TV쇼핑의 필요성을 배경으로 하였다. 2009년부터 본격적으로 연구가 진행되었으나 아직은 초기 단계이다. T커머스 관련 연구는 산업, 규제, 사용자 인터페이스(UI)와 사용자 경험(UX), 소비자 연구로 크게 구분할 수 있다. T커머스와 관련하여 다양한 연구가 진행되었지만 대부분의 연구가 지배적 사업자가 본격적으로 사업을 진행하기 전의 미성숙한 시장 상황만 다룬다는 아쉬움이 있다. 특히 소비자 연구에서도 초기 단계의 T커머스 수용을 다룬 분석이 주를 이루는 반면, 구체적으로 T커머스 사용자들의 이용요인을 다룬 분석은 부족한 실정이다. 또한 T커머스의 시장 내 차별적 지위를 달성하기 위해서는 T커머스를 다른 온라인 쇼핑 및 TV홈쇼핑 채널과 비교한 연구가 필수적임에도 불구하고, 그러한 비교연구는 지금까지 진행된 바가 없었다. 각 채널별 방문요인과 구매요인을 구별함으로써 좀더 심도 있는 분석을 시도한 연구도 찾아보기 어려웠다. 따라서 이 장에서는 다른 쇼핑채널 사이에서 명확한 차별점이 없는 T커머스의 성장 전략을 제안하기 위해

TV홈쇼핑, 인터넷 쇼핑 소비자와 구별되는 T커머스 소비자의 쇼핑채널 이용 및 구매 결정요인을 알아보고자 한다.

제6장에서는 T커머스, TV홈쇼핑, 인터넷 쇼핑의 이용 및 구매 결정요인과 일관된 관련성을 보이는 개념을 모두 정리한 뒤 재구성하여 최종적으로 4개의 개념을 선택했다. 쇼핑매체 이용요인은 크게 상품요인, 서비스요인, 정보요인, 신뢰요인으로 나뉠 수 있으며 각각의 요인은 다음과 같이 설명된다.

먼저 상품요인은 상품과 관련된 영역의 개념이다. 여기에는 상품의 경제성, 다양성, 희소성 및 개인 취향에 부합하는 개인화가 포함된다. T커머스를 예로 들면 T커머스 채널이 다양한 상품을 구비하였는지, 다른 쇼핑몰에서는 찾을 수 없는 희소한 상품을 제공하는지, 개별 소비자의 마음에 들고 취향에 맞는 상품이 있는지, 상품은 경제적인 가격에 판매되는지 등을 알 수 있는 요인이다.

서비스요인은 쇼핑채널의 접근성, 이용 편의, 고객 서비스, 사후 서비스 등으로 설명할 수 있다. 다시 한 번 T커머스를 예로 들면 T커머스 서비스를 이용할 때 채널 접근이나 로그인 등은 용이한지, 주문 과정이 불편하거나 복잡하지는 않은지, 반품 및 취소와 같은 사후 서비스는 용이한지, 고객 응대는 빠르고 친절한지, 전반적인 사용자 인터페이스는 편리한지 등을 제시하는 요인이다.

쇼핑 서비스의 정보요인은 정보의 최신성, 유용성, 오락성, 사회성으로 구성된다. T커머스, TV홈쇼핑, 인터넷 쇼핑의 소비자를 연구한 기존 문헌에서 정보요인은 정보의 최신성, 정확성, 가격 비교안내, 오락적 기능 제공, 정보 가독성 등으로 나타났다. T커머스를 예로 들면 T

커머스에서 제공하는 정보가 지속적으로 업데이트되는지, 개별 사용자에게 맞추어진 정보가 제공되는지, 서비스에 엔터테인먼트 요소가 있어서 오락적 기능을 제공하는지, 다른 이용자의 리뷰를 보고 의견을 나눌 수 있는지 등을 설명하는 요인이다.

쇼핑채널 방문 및 상품 구매에 영향을 미치는 가장 중요한 요소 중 하나는 신뢰요인이다. 쇼핑 연구에서 '신뢰'는 '판매자에 대한 신뢰'와 '쇼핑 서비스의 보안성에 대한 믿음'으로 나뉜다. 판매자에 대한 신뢰는 판매자 인지도나 브랜드 이미지에 따른 신뢰 정도, 상품에 대한 확실한 정품 보증 및 품질 보증 등을 의미한다. 쇼핑채널의 보안성이란 사용자의 개인정보나 카드정보가 보호되는지, 시스템 보안이 안정적이어서 안전한 결제가 가능한지의 여부를 뜻한다. TV홈쇼핑이나 T커머스에서는 쇼호스트가 언론 보도나 실험 결과 등 상품과 관련된 각종 자료를 제시하면서 소비자를 설득하고 유명인, 전문가 혹은 일반인이 출연해 상품의 우수성을 생생하게 증언하기도 하므로 다른 쇼핑채널보다 신뢰 요소가 높을 수 있다(박웅기·한예진, 2014).

위에서 제시한 4가지 결정요인을 기반으로 이 장에서는 이용자가 왜 각 쇼핑채널(T커머스, TV홈쇼핑, 인터넷 쇼핑)을 방문하고 그곳에서 상품을 구매하는지 탐색하고자 하였다. T커머스나 TV홈쇼핑 채널을 방문하여 시청하거나 인터넷 쇼핑몰에 접속하여 둘러보는 행위는 상품의 구매를 결정하여 주문하는 행위와는 명확히 구분된다. TV홈쇼핑이 재미있어서 자주 시청하지만 상품 구입은 온라인 쇼핑몰에서 하거나, 상품의 종류가 다양한 온라인 쇼핑몰에서 정보를 탐색한 뒤에 구매는 믿을 수 있다고 여기는 TV홈쇼핑을 통해 하기도 한다. 따라서 이 연구는 쇼핑채널의 방문과 이용을 각각 따로 살펴보기 위하여 방문 경위에 따른 쇼핑채널 방문 결정요인 중요도와 각 쇼핑채널의 방문 이후 지속적인 이용 및 구매를 결정하는 세부요인 중요도를 따로 측정하고자 했다.

3. 계층적 분석방법의 개념과 모형

계층적 분석방법(AHP: *Analytic Hierarchy Process*)은 미국 펜실베이니아 대학의 토마스 사티(Thomas L. Saaty) 교수에 의해 개발된 다기준 의사결정방법이다. 특정한 기준에 따라 유사한 항목들을 짝지어 비교한 후 전체 항목들에 대한 중요도를 계산하는 단계적 방법을 사용하기 때문에 복잡한 문제를 단순화시키고, 여러 항목을 동시에 비교할 때 생기는 일관성 문제를 해결해 준다. 이 분석 기법은 정량적인 요소와 정성적인 요소를 함께 살펴볼 수 있다는 장점이 있어서 널리 활용되어 왔다.

계층적 분석방법의 첫 단계는 목표 요소에 영향을 주는 평가 기준 혹은 의사결정요인을 계층화하는 작업이다. 각 평가 요소는 상호 독립적이어야 하며, 계층이 낮을수록 요소는 구체적이어야 한다. 이 연구는 계층적 분석방법의 첫 번째 단계에 따라 쇼핑채널 방문 및 이용에 영향을 주는 각 요인을 정리하였다. 먼저 쇼핑몰을 방문하는 경위에는 세 가지가 있다. 첫 번째는 별다른 구매의도 없이 습관적으로 방문하는 습관적 방문이다. 두 번째는 특정 상품 및 서비스를 구매하려는 목적이 분명한 목적성 방문이다. 예를 들어 노트북을 구입하려는 소비자는 노트북을 판매하는 인터넷 쇼핑몰을 방문하거나, TV홈쇼핑 및 T커머스

<표 6-2> 쇼핑채널 이용요인별 설명

이용요인	세부요인	설명
상품요인	경제성	상품 가격이 저렴 또는 적절함.
	상품의 다양성	다양한 상품이 구비되어 있음.
	상품의 희소성	해당 쇼핑채널만의 상품 구성이 독특함.
	상품의 개인화	상품 구성이 개인의 취향에 부합함.
서비스요인	서비스 접근성	해당 서비스 접근이 편리함.
	이용 편의	브라우징, 주문·결제 등 서비스 이용이 편리함.
	사후 서비스	구매 후 반품 및 교환이나 A/S가 용이함 .
	고객 서비스	응대가 친절하고 문의 창구나 의사소통, 적립금, 이벤트, 사은품 등의 부가적인 서비스 기능을 제공함.
정보요인	정보의 최신성	지속적으로 최신 정보가 업데이트 됨.
	정보의 유용성	개개인에 맞춰진 유용한 정보가 제공됨.
	정보의 오락성	상품 정보가 즐거움을 줌.
	정보의 사회성	다른 이용자들의 리뷰를 보고 의견을 나눌 수 있음.
신뢰요인	판매자 신뢰	해당 쇼핑몰에서 판매되는 상품 및 쇼핑몰 업체에 대한 인지도와 재무건전성, 주식가치, 결제·배송의 신뢰성이 있음.
	보안성	기술적, 운영적 측면에서 보호 기능, 프라이버시 원칙, 정보 이용 및 권리, 개인정보 유출 방지에 대한 신뢰성, 대금 결제 수단의 신뢰성이 있음.

의 프로그램 편성표를 사전에 확인하거나, TV쇼핑몰 검색창에서 카테고리 탐색 또는 키워드 탐색을 하는 식으로 쇼핑 서비스를 방문할 것이다. 마지막으로 세 번째의 방문 경위는 사전 계획 없이 광고 등으로 쇼핑채널에 유입되는 즉흥적 방문이다. 인터넷 서핑 중에 광고를 보고 관심이 생겨 쇼핑몰로 진입하거나, TV채널을 돌리다가 우연히 홈쇼핑 채널을 방문하게 되는 경우가 이에 해당한다.

앞서 논의한 상품, 서비스, 정보, 신뢰요인이 쇼핑채널 이용요인의 4가지 대분류가 된다. 그리고 이 대분류 아래에 경제성, 상품의 다양성 등 총 14개로 소분류된 세부요인을 배치하였다. 그 결과는 〈표 6-2〉처

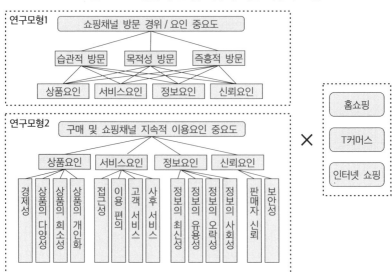

〈그림 6-1〉 쇼핑몰 방문 및 이용에 대한 계층적 모델

럼 정리할 수 있다. 쇼핑채널 방문요인의 중요도와 쇼핑채널 방문 후 구매 및 지속적 이용에서 각 요인의 중요도를 연구하기 위한 모형 그리고 쇼핑몰 이용요인을 계층화한 최종 모델은 〈그림 6-1〉과 같이 정리하였다.

각 계층 내 요소 간의 가중치를 분석하기 위하여 설문은 각 계층에 위치한 두 개의 요소를 쌍대 비교하는 문항들로 구성하였다. 예를 들어 연구모형1의 제1계층의 경우, 습관적 방문보다 목적성 방문이, 목적성 방문보다 즉흥적 방문이, 습관적 방문보다 즉흥적 방문이 얼마나 더 많은지 쌍대 비교하는 3개의 문항으로 구성하였다. 척도의 범위는 1에서 9로 정하였으며, 응답자는 두 방문 경위가 동등할 경우에는 1, 어느 한 쪽에 가까울수록 더 높은 점수를 선택하도록 하였다.

연구진은 가중치 분석에 필요한 자료를 수집하기 위해 온라인 설문조사 전문기관인 마크로밀엠브레인에게 의뢰하여 2015년 4월 27일부터 5월 4일까지 약 8일간 설문조사를 시행하였다. 본조사에 앞서 설문문항의 타당성을 파악하기 위해 자체적으로 일부 소비자 20명을 대상으로 한 예비조사(pilot test)를 실시했다. 예비조사 후 최종 설문문항을 확정한 뒤에 설문기관을 통해 본조사를 실시했다.

TV홈쇼핑과 인터넷 쇼핑의 경우에는 응답 패널을 20~30대 여성, 40~50대 여성, 전 연령대 남성을 1:1:1 비율로 할당표집했다. TV홈쇼핑 이용자 현황을 살펴보면 이용자의 70%가 여성, 30%가 남성이다. 또한 여성 이용자를 따로 살펴보면 이 중에서 46%가 20~30대 여성, 41%는 40~50대로 구성되므로 여성 이용자의 대부분은 20대에서 50대 사이에 분포함을 알 수 있다. 이러한 TV홈쇼핑 이용자 분포를 고려하여 설문조사 응답 패널을 20~30대 여성, 40~50대 여성, 전체 남성의 1:1:1 비율로 구성한 것이다. 단, 설문조사를 시행한 시점에서 T커머스는 서비스가 아직 초기 단계라는 점을 고려하여 T커머스 응답 패널에서는 연령 및 성별에 따른 할당을 따로 하지 않았으며 무작위 추출로 패널을 구성하였다.

회수된 설문지 중 ① 응답 시간이 너무 짧았던 응답자의 설문, ② 전 문항에 걸쳐 동일한 번호를 답한 설문, ③ 동일 변수 응답항목에 대한 답에 일관성이 결여된 설문, ④ 미응답 항목이 있는 설문은 불성실한 응답으로 판단하여 제외하고 최종적으로 T커머스를 통해 상품을 구매한 경험이 있다고 응답한 소비자 106명, TV홈쇼핑으로 상품을 구매한 경험이 있다고 응답한 소비자 329명, 인터넷 쇼핑을 통해 상품을 구매한 경험이 있다고 응답한 소비자 331명, 총 766명의 응답자를 대상으로 분석을 진행하였다.

할당표집한 결과, 이 연구의 TV홈쇼핑 이용자 패널은 남성이 33%, 20~30대 여성 33%, 40~50대 여성 34%이었다. 또한 인터넷 쇼핑 이용자 패널은 남성 32%, 20~30대 여성 33%, 40~50대 여성 35%로 구성되었다. 무작위로 추출한 T커머스 이용자 패널의 경우, 남성이 63%, 여성이 37%를 차지하였으며 연령대별로 분류하였을 때에는 20대(20%), 30대(22%), 40대(27%), 50대(31%)에 걸쳐 고르게 분포하였다. 할당표집을 하지 않았지만 연령대 그룹별로 비교적 고른 분포를 나타냈음을 확인할 수 있었다.

설문지는 크게 세 부분으로 나뉜다. 첫 번째 부분에서는 T커머스, TV홈쇼핑, 인터넷 쇼핑의 정의와 개념, 현 서비스 상황 등을 설명하였다. 두 번째 부분에서는 응답자가 해당 쇼핑 서비스를 이용해 본 적이 있는지 그리고 이용 정도는 어떠한지 질문하였다. 가장 중요한 세 번째 부분에서는 쇼핑채널 방문 경로 및 요인과 관련된 선택지를 제공함으로써 응답자가 상대적으로 더 중요하다고 판단하는 경로나 요인을 선택할 수 있도록 하였다.

.

4. T커머스 이용 및 구매 결정요인

앞에서 제시한 계층적 분석방법의 계층 모형에 속한 개별 요인을 쌍대 비교하여 각 요인별 중요도(가중치)를 계산하고 그 결과를 분석한 결과

<그림 6-2> 쇼핑 서비스 방문 경위 및 요인별 중요도 (연구모형1)

	습관적	목적성	즉흥적
T커머스	0.274	0.360	0.365
TV홈쇼핑	0.221	0.071	0.708
인터넷 쇼핑	0.308	0.481	0.211

	상품요인	서비스요인	정보요인	신뢰요인
T커머스	0.336	0.201	0.253	0.210
TV홈쇼핑	0.312	0.292	0.096	0.300
인터넷 쇼핑	0.395	0.175	0.276	0.154

는 〈그림 6-2〉와 같이 정리하여 나타낼 수 있다.

연구모형1에서 쇼핑 서비스 방문요인 중요도를 분석해 본 결과, 무엇보다도 TV홈쇼핑과 인터넷 쇼핑 간의 방문 경위에서 차이가 분명히 드러났다. TV홈쇼핑은 즉흥적 방문(0.708)이 절대적인 반면, 인터넷 쇼핑은 습관적 방문(0.308)과 목적성 방문(0.481)의 빈도가 상대적으로 높았다. T커머스는 습관적 방문(0.274), 목적성 방문(0.360), 즉흥적 방문(0.365)이 TV홈쇼핑이나 인터넷 쇼핑에 비해 고르게 중요한 것으로 나타났으며, 이는 T커머스가 TV홈쇼핑과 인터넷 쇼핑의 중간에 포지셔닝된 것으로 이해할 수 있다.

또한 TV홈쇼핑 방문에서는 상품요인, 신뢰요인, 서비스요인이 비슷한 수준의 중요도를 가진 것으로 나타났다. 반면 인터넷 쇼핑에서는 상품요인 및 정보요인이 중요하고 서비스요인과 신뢰요인의 중요도는 낮았다. T커머스에서는 인터넷 쇼핑과 유사하게 정보요인이 중요했다.

TV홈쇼핑, 인터넷 쇼핑, T커머스 모두에서 상품요인의 중요도가 가장 높았으므로, 쇼핑에서는 무엇보다도 상품에 대한 신뢰가 가장 중요한 것으로 나타났다.

TV홈쇼핑 및 인터넷 쇼핑의 이용자를 연령별(20~30대 여성과 40~50대 여성), 성별(남성과 여성)로 나누어 추가적인 비교 분석을 실시해 보았다. 분석 결과, 4가지 쇼핑 서비스 방문요인(상품, 서비스, 정보, 신뢰) 중 상품요인이 모든 그룹에서 공통적으로 가장 높은 중요도를 나타내었다. TV홈쇼핑 이용 여성에게는 정보요인이 서비스요인보다 중요한 것으로 나타났으며, 특히 20~30대 여성이 인터넷 쇼핑에서 정보요인을 중요하게 인식하는 것으로 드러났다. 이러한 사실은 정보를 중요하게 인식하는 20~30대 여성을 T커머스의 새로운 주요 고객층으로 고려해 볼 필요가 있다는 것을 시사한다.

성별 비교 분석 결과, 남성이 서비스요인을 비교적 더 중요하게 인식하는 것으로 나타났다. 남성은 TV홈쇼핑에서는 정보요인보다도 서비스요인을 더 중요하게 인식하였으며, 인터넷 쇼핑에서는 비록 서비스요인보다 정보요인을 더 중요하다고 인식하였으나 20~30대 여성, 40~50대 여성 그룹보다는 비교적 더 서비스요인을 중요하게 인식한다는 것을 알 수 있었다.

연구모형2에서는 각 쇼핑 서비스의 구매 및 지속적 이용을 결정하는 각 요인의 중요도를 측정했다. 상품요인, 서비스요인, 정보요인 및 신뢰요인의 하위요인 간 상대적 중요도를 시각화하여 나타내면 〈그림 6-3〉과 같다.

하위요인 분석 결과, 모든 쇼핑 서비스에서 경제성과 판매자 신뢰가

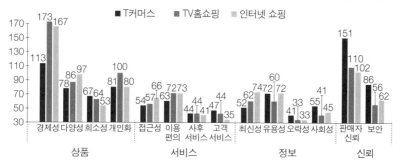

<그림 6-3> 구매·지속적 이용을 결정하는 각 하위요인별 상대적 중요도 (연구모형2)

주: 각 수치는 요인의 중요도를 그래프에서 시각화하기 용이하도록 10³배수로 표현한 것이다.
   예를 들어 T커머스의 경제성 중요도 0.113은 113으로, TV홈쇼핑의 접근성 0.057은 57로
   표기하였다.

구매 및 지속적 이용을 위한 가장 중요한 요인으로 나타났다. 특히 경제성은 연령이나 성별에 관계없이 다른 요인과 큰 격차를 보인 중요요인이었다. 〈그림 6-3〉에서 볼 수 있듯이 T커머스의 판매자 신뢰요인이 상당히 높게 나타났는데, 이는 설문 시점에서 T커머스 서비스 시장이 매우 초기 단계였으므로 T커머스의 가격 경쟁력이 제대로 인식되지 않았기 때문인 것으로 연구진은 분석했다.

상품요인 중에서는 희소성이 다양성과 개인화에 비해 낮은 가중치를 보였다. 인터넷 쇼핑에서는 상품의 다양성이, TV홈쇼핑에서는 개인화가 비교적 더 중요한 요인인 것으로 나타났다. 또한 세 가지 쇼핑 서비스 공통적으로 서비스요인 중에서는 이용 편의가 가장 중요한 요인인 것으로 나타났다. 최신정보와 유용한 정보가 사회성 및 오락성보다 더 높은 중요성을 나타낸 점 또한 확인할 수 있었다.

5. 시사점

이 장에서는 TV홈쇼핑과 인터넷 쇼핑 각각의 특성을 함께 가진 T커머스가 향후 쇼핑 시장에서 어떻게 포지셔닝되어야 할 것인지 방향성을 찾고자 했다. 따라서 계층적 분석방법을 통해 TV홈쇼핑, 인터넷 쇼핑, T커머스 세 가지의 쇼핑 서비스를 대상으로 방문과 구매 이용을 결정하는 데에 있어 중요한 요인이 무엇인지 분석했다.

우선 세 쇼핑 서비스의 방문 경위에 따른 쇼핑 서비스 방문 결정요인 중요도를 분석했다. 방문 경위는 습관적, 목적성, 즉흥적 방문 세 가지로 나누었고 각 방문 경위에 영향을 미치는 요인을 상품, 서비스, 정보, 신뢰로 구분하여 각각의 중요도를 측정했다. TV홈쇼핑은 즉흥적 방문이, 인터넷 쇼핑은 습관적, 목적성 방문이 상대적으로 많았다. T커머스는 즉흥적, 목적성, 습관적 방문이 비교적 고르게 나타나 TV홈쇼핑과 인터넷 쇼핑의 중간에 자리하였다. 방문요인을 상품요인, 서비스요인, 정보요인, 신뢰요인으로 나눠 분석한 결과, TV홈쇼핑 방문요인에서는 상품, 신뢰, 서비스가 중요했고, 인터넷 쇼핑에서는 상품요인과 정보요인이 중요한 방문요인으로 나타났다. T커머스에서는 인터넷 쇼핑과 유사하게 정보요인이 중요했다. 연령별로 살펴본 결과, 20~30대 여성은 상품, 서비스, 정보, 신뢰 중 상품요인과 정보요인을 특히 중요하게 인식하였다.

이러한 결과는 소비자가 목적성을 가지고 방문할 만한 TV쇼핑 서비스로 T커머스를 포지셔닝해야 함을 시사한다. TV홈쇼핑 채널은 즉흥적 방문이 압도적으로 많았으나 지상파 사이의 '골든 넘버'에 포진한 TV

홈쇼핑과 달리 T커머스는 30번 대의 후반부 채널에 주로 몰려 있으므로 소비자가 즉흥적으로 유입되기에는 접근성이 비교적 떨어진다(〈이데일리〉, 2016. 3. 31). 따라서 TV홈쇼핑 사업자는 기존 TV홈쇼핑 채널에서는 엔터테인먼트적 요소를 유지함으로써 채널 전환 중에 '무심코 방문했다 머무르는 채널'로 구성하고, T커머스는 좀더 인터넷 쇼핑에 가까운 요소를 강화함으로써 소비자가 목적성 방문을 자주 할 수 있는 채널로 만들 필요가 있다. 그리고 현재는 T커머스의 첫 화면이 TV홈쇼핑과 구분이 되지 않는 모습이어서 소비자가 방문하였다가 쉽게 지나칠 우려가 있다는 점도 유의해야 한다. 향후 T커머스의 강점인 부가적 정보 탐색 기능을 강화하는 방법 등을 통하여 앞선 연구를 통해 중요하게 드러난 정보요인을 부각시키는 전략이 필요하다.

아울러 제 6장에서는 소비자가 방문한 해당 쇼핑채널에서 실제로 상품을 구매하고 또 재방문하는 요인은 무엇인지 알아보았다. TV홈쇼핑, 인터넷 쇼핑, T커머스의 구매 및 지속적 이용을 결정하는 각 요인의 중요도를 측정했는데 인터넷 쇼핑에서는 상품의 다양성이, TV홈쇼핑에서는 상품의 개인화가 비교적 중요한 것으로 결과를 해석할 수 있었다. T커머스는 다른 두 채널에 비하여 판매자 신뢰가 특히 중요한 것으로 나타났다. 이는 아직 신규 서비스인 T커머스가 소비자의 신뢰를 얻기 위해 분발해야 함을 의미하기도 한다. TV홈쇼핑 사업자의 경우에는 자사의 기존 홈쇼핑의 브랜드 이미지와 T커머스를 연계 및 통합하여 소비자에게 신뢰도를 구축하는 방안을 고려할 수 있다.

또 한 가지 중요한 발견은 쇼핑채널의 종류를 막론하고 소비자는 상품 자체, 특히 상품의 가격에 가장 민감하게 반응한다는 것이다. 구매 및 지속적 이용요인 비교 결과, 4가지 상위요인 중에서는 상품요인이, 그리고 그 하위요인에서는 경제성이 가장 높은 가중치를 받았다. 따라서 T커머스 또한 저렴한 가격과 다양한 이벤트 등을 통해 소비자에게 '경제성 있는 쇼핑채널'로 인식되는 것이 중요할 것으로 보인다. 또한 희소성보다는 다양성과 개인화의 중요도가 더 높았던 점에 착안하여 다양한 상품을 구비하고, 개인화된 상품을 선별적으로 제시하여 맞춤형 쇼핑 경험을 제공할 필요가 있다. K쇼핑, 롯데OneTV 등 많은 T커머스 채널에서 아이디어 상품을 소개했는데, 이번 연구의 결과에 비추어 볼 때는 T커머스에서 효과적인 상품 구성 전략은 아닌 것으로 보인다.

T커머스의 방문요인에서는 정보요인이 중요하게 나왔으나 구매 및 지속적인 이용에 있어서는 신뢰요인이 높게 나온 점도 주목할 만하다. 이는 방문과 지속적 이용을 구분하여 연구 모형을 설계한 결과 발견할 수 있었던 사실로, 초기 소비자를 모으는 단기 전략과 소비자의 지속적인 이용을 장려하는 중장기 전략을 구분하여 시행하여야 함을 시사한다. 단기적인 전략으로는 앞서 언급한 정보요인 강화 외에도 인터페이스 보완도 지적할 수 있다. 특히 서비스요인의 하위요인 중에서 이용 편의요인이 정보요인과 비슷한 수준으로 높게 나타났으므로 더 편리한 T커머스 인터페이스 환경 제공이 상당히 중요할 것으로 보인다. 실제로 T커머스 이용자 10명을 대상으로 T커머스 서비스 관련 심층인터뷰를 진행한 결과, 리모콘을 이용하여 주문하는 과정이 상당히 불편하다는 의견이 공통적이었다. 단기적으로는 이와 같은 인터페이스 환경의 편의성을 보완하고 향후 TV 기반의 T커머스를 인터넷과 모바일 환경으로 확장 및 통합할 수 있도록 준비해야 한다. 이와 같은 기기 통합 전

략은 CJ나 롯데처럼 온라인 쇼핑몰과 모바일 쇼핑몰 등의 쇼핑 서비스를 운영하는 사업자에게 특히 유리할 것이며, 아직 인터넷 쇼핑이 더 우세한 편의성과 접근성 면에서도 보완이 될 것이다.

기존 TV홈쇼핑 채널의 주요 고객층은 언제나 40대에서 60대 사이의 여성층이었다. 그러나 최근 들어 TV홈쇼핑 시장의 매출이 전반적으로 하락하면서 TV홈쇼핑 사업자들은 기존 40~60대 여성층을 중심으로 고객층을 어떻게 넓힐 수 있을 것인지 고민을 이어왔다. 따라서 T커머스의 장기적인 포지셔닝 전략으로서 TV홈쇼핑 사업자는 제1채널은 기존 고객인 40~60대 여성을 위한 채널로 만들고, 반면 T커머스는 20~30대 여성에게 다가갈 수 있도록 '나'에게 맞는 상품을 추천하는 개인화 및 맞춤화된, 정보력이 뛰어난 쇼핑 서비스로 자리를 잡아야 할 것이다. 여성은 정보요인을, 남성은 서비스요인을 비교적 더 중요하게 생각하는 것으로 나타났으므로 20~30대 여성층을 공략하고자 한다면 개인에게 유용한 맞춤정보를 전달하는 것이 더 중요하다.

한편 제1채널을 운영하면서 T커머스 채널을 함께 서비스하는 TV홈쇼핑 사업자와 T커머스 채널만을 운영하는 사업자를 구분하여 T커머스 채널 운영 전략을 고민할 필요가 있다. 더 나아가 TV홈쇼핑 채널과 함께 온라인, 모바일, 오프라인 등 다른 유통채널의 보유 여부에 따라 사업자를 구분하고 이에 맞는 T커머스 전략을 제안하는 것도 중요하다. CJ는 온라인 쇼핑몰, 모바일 쇼핑몰과 함께 독자적 콘텐츠를 기반으로 한 엔터테인먼트 요소에 강점이 있고, 롯데와 현대의 경우에는 온라인 쇼핑몰, 모바일 쇼핑몰뿐 아니라 백화점과 같은 오프라인 유통에 강하다는 특징이 있다. 이는 KTH나 아이디지털홈쇼핑처럼 T커머스 사업만을 운영하는 사업자와는 분명히 차별화된 지점이므로 T커머스 전략 또한 달라야 할 것이다.

제7장

TV홈쇼핑 사업자의 법적 책임과 사회적 책임

안정민
한림대 글로벌 융합대학

중소기업과 대기업의 동반성장이라는 정부의 핵심 정책과 함께 기업의 사회적 책임에 관한 인식도 변화하고 있다. '기업의 사회적 책임'(CSR: *Corporate Social Responsibility*)이라는 용어는 더 이상 낯선 개념이 아니다. 그러나 기업의 사회적 책임은 경제적, 윤리적, 법적 책임을 포함하여 기업이 자선적으로 벌이는 사회공헌 활동에 이르기까지 다양한 맥락에서 논의되므로 이를 한마디로 정의하기는 쉽지 않다. 특히 기업이 자신의 경제 활동의 근간이 되는 사회에 대해 지는 책임의 내용과 수준이 나라마다 다르고, 기업의 사회적 책임의 구체적 사항은 해당 기업이 어떤 산업에 속하는지, 규모가 어느 정도인지, 지역사회에서 어떤 역할을 담당하는지 등 각 기업 특유의 문화와 배경, 상황을 바탕으로 형성되기 때문에 획일적인 정의가 어려울 수밖에 없다.

그럼에도 일반적인 정의를 내리자면 기업의 사회적 책임이란 기업이 단순히 주어진 법적 경계 내에서 자신의 이익을 극대화하는 활동을 넘어서서, 사회 전반에 얽혀 존재하는 이해관계자 — 고객, 소비자, 회사의 근로자, 협력업체, 지역사회 — 전반의 궁극적인 이익까지 고려하여 경영적 판단을 내리거나 그에 따라 기업 활동을 하는 것을 의미한다. 기업의 모든 활동은 우리가 상상하는 것 이상으로 다양하게 사람의 생활에 영향을 미치며, 경우에 따라서는 국가가 정책적으로 해결하고자 하는 사회 문제를 해결하는 데에 있어서도 기업 활동이 정부의 역할보다 중요할 수도 있다.

이해하기 쉽게 우리 주변에서 흔히 볼 수 있는 커피전문점의 상황을 예로 들어 사회적 책임을 설명할 수 있을 것이다. 어느 회사든 최대한 싸게 원재료를 매입하고 유통비용을 최소화함으로써 낮은 가격으로 좋은 서비스를 제공하고자 한다. 한 회사가 똑같이 커피를 판매하는 다른 커피전문점과의 경쟁에서 살아남으려면 유사한 품질의 상품을 더 낮은 가격으로 팔아야 한다. 그러기 위해서는 먼저 커피 원두를 최대한 낮은 가격에 매입할 필요가 있는데, 회사는 이 단계에서부터 이미 경영적 선택을 내려야만 한다. 어느 기업이든 당연히 법을 준수해야 하므로 아동노동이나 위법한 노동 조건 하에서 생산된 커피는 가격경쟁력이 아무리 뛰어나다 하더라도 매입하지 말아야 한다. 그럼에도 이러한 방식을 통해 생산되어 가격경쟁력이 있는 커피 원두를 매입하려는 수요가 존재하는 이상, 아프리카의 어떤 경제적 약소국에서는 정부가 아무리 아동노동을 규제하고 불법적 생산을 금지하더라도 이를 거래하는 음성적 시장이 성행할 수밖에 없다. 기업이 기업시민으로서 윤리적이고 법적인 책임의식을 가지고 이와 같은 경제적 유혹을 거부한다면 해당 국가의 노동 문제 및 사회 문제 해결에 결정적 기여를 할 수 있을 것이다.

한편 노동자에게 법이 규정한 최저임금만을 겨우 지급하는 커피재배자의 원두와 생계를 유지하는 데에 필요한 수준의 임금 및 더 나은 삶을 추구하기 위한 교육이나 노동 환경을 포함한 적절한 복지를 노동자에게 제공하는 커피재배자의 원두는 서로 품질이 같더라도 가격에서 차이가 날 수밖에 없다. 또한 커피 원두를 같은 가격에 매입하였더라도 이 원두를 직접 취급하는 각 매장의 직원에게 법이 정한 최소한의 근로 조건과 최저임금만을 제공함으로써 회사의 이윤을 최대화할 수도 있고, 어느 정도 이윤을 양보하고 직원에게 더 나은 근무 환경과 복지를 제공하면서 고객에게 커피를 판매할 수도 있을 것이다.

다시 말하면, 기업은 상품의 안전성, 신뢰할 수 있는 서비스 제공, 근로자의 권리 보호, 환경규제 등의 영역에서 각종 법률이 정하는 최소한의 의무만을 간신히 준수하는 수준으로 기업 활동을 할 수도 있고, 아니면 회사의 단기적 이익보다 근로자, 소비자, 지역사회를 포함한 넓은 의미의 이해관계자 모두의 이익까지 고려하면서 활동을 할 수도 있다. 여기서 후자의 경우처럼 기업이 기업시민으로서 지는 윤리적, 도덕적 책임을 기업의 사회적 책임이라 한다.

1970년대에만 해도 사회적으로 널리 받아들여진 기업의 목표는 주어진 법을 준수하면서 이윤을 극대화하기 위해 자원을 효율적으로 활용하여 경제 활동을 하는 것이었다. 즉, 기업의 사회적 책임보다는 오히려 기업의 이윤창출을 더욱 권장하였던 것이다. 그러나 이후 범세계적인 경제 성장과 함께 기업이 이윤을 창출하기 위한 경영 활동을 전개하는 과정에서 초래된 환경오염, 실업, 기업의 우월적 지위를 이용한 불공정거래 등 다양한 사회적 문제가 대두되었다. 그리고 이러한 문제를 해결하거나 최소화하기 위한 기업의 적극적 활동도 요구되기 시작하였다. 국내외의 많은 기업은 이러한 추세에 발맞추어 기업의 사회적 책임을 담당하는 부서를 대표 직속으로 두고 회사의 전략과 정책에도 사회적 책임을 반영하고 있다. 여기에서는 우리나라 TV홈쇼핑 산업의 사회적 책임 현황을 CJ오쇼핑의 사례를 중심으로 살펴볼 것이다.

1. TV홈쇼핑 사업자에게 부과되는 다양한 법적 책임

TV홈쇼핑 사업자는 한편으로는 상품 공급자에게 유통채널을 제공하는 유통 사업자인 동시에, 다른 한편으로는 시청자에게 상품을 광고하고 판매하기 위해 방송 프로그램을 제작·편성하는 방송 사업자이다. 원래 텔레비전 방송은 매체 그 자체의 영향력 때문에 공공성이 중요시되며 시청자의 시청권을 보장하기 위한 각종 규제의 대상이 된다. 더욱이 등록만 하면 사업을 할 수 있는 다른 방송 사업자와는 달리, 상품을 직접 판매하는 TV홈쇼핑은 정부로부터 사업 승인을 받아야 한다. 또한 승인을 받은 이후로도 통상 매 5년마다 재승인을 위한 심사를 받는다.

　일반적으로 등록제란 사전에 일정한 기준과 요건을 정하여 놓고 이를 충족시킨 신청자를 사업자로 등록해 주는 제도이다. 등록을 위한 심사에서는 형식적으로 기준과 요건을 충족시키는지만 확인하기 때문에 신규 사업자의 시장 진입이 자유롭고 그에 대한 통제 수단도 상대적으로 많지 않다. 반면 승인제에서는 엄격한 심사가 실시된다. 또한 국가는 신청자가 비록 규정된 기준이나 요건을 충족시키더라도 합리적인 근거와 이유가 있다면 사업을 승인하지 않을 수 있으며, 나아가 이미 승인하였던 사업 승인을 취소할 수도 있다.

이러한 승인제의 진입 장벽으로 인하여 오랜 기간 동안 TV홈쇼핑 시장에서는 5개 사업자만 활동을 해 왔다. 1995년에 우리나라에서 처음 TV홈쇼핑 산업이 시작되며 개국한 GS홈쇼핑과 CJ오쇼핑, 이후 2001년에 후발주자로서 시장에 진입한 현대홈쇼핑, 롯데홈쇼핑, NS홈쇼핑이 이들이다. 이후로 2011년, 2015년에 각각 홈앤쇼핑과 아임쇼핑이 개국하였지만 TV홈쇼핑 시장은 여전히 7개의 사업자가 과점하고 있는 상황이다.

어느 기업이든 적용받는 법률에서 부과하는 조건 및 의무를 이행하여야 한다. 이러한 법률상의 의무는 장애인 고용, 근로 조건, 고용평등, 대기오염물질 배출 제한과 같은 환경보호 의무 및 책임 등 각 기업의 활동상 특성에 따라 다양하게 부과된다. TV홈쇼핑 사업자 역시 여러 법규가 부과하는 의무와 책임을 준수해야 한다. 주요 관련 법규로는 〈방송법〉, 〈대규모유통업에서의 거래 공정화에 관한 법률〉, 〈독점규제 및 공정거래에 관한 법률〉을 들 수 있다.

우리나라가 TV홈쇼핑 산업을 도입한 것은 TV홈쇼핑을 통해 방송 산업을 육성하는 동시에 대기업에 비해 시장에 진출하기 어려운 중소기업의 상품 판로를 지원하려는 정부의 정책에 의해서였다. 그로 인하여 TV를 통해 상품을 판매하는 TV홈쇼핑 사업자에게는 〈방송법〉에서 규정하는 방송 사업자로서의 책임과 의무뿐만 아니라 중소기업의 유통채널이라는 역할에 따라 부여된 유통 사업자로서의 책임과 의무가 모두 요구된다.

　TV홈쇼핑 사업자의 사회적 책임이란 〈방송법〉 등을 통해 의무적으로 부과되는 법적 책임의 범위를 넘어선 것으로서 기업이 선도적으로 사회에 이익을 환원하거나 다른 사회구성원과 상생하기 위한 방안을 마련할 책임이라고 할 수 있다. 따라서 먼저 TV홈쇼핑 사업자에게 부과되는 법적 책임과 의무를 각각 방송 사업자로서의 책임과 유통 사업자로서의 책임으로 나누어 살펴보기로 한다.

2. 방송 사업자로서의 책임과 의무

1) TV홈쇼핑 사업자의 공적 책임

〈방송법〉 제 7조에 따르면, 다른 법률에 특별한 규정이 있는 경우를 제외하고 방송에 관하여서는 〈방송법〉을 적용한다. TV홈쇼핑도 방송 사업자로서 〈방송법〉이 부과하는 의무와 책임을 이행해야 하는데 그중 가장 중요한 것은 방송으로서의 공적 책임[1] 을 수행하는 것이다.

　〈방송법〉에서는 방송 사업자의 공적 책임을 ① 인간의 존엄과 가치,

---

1) "공적 책임"은 한마디로 정의될 수 없는 불확정 개념이다. 일반적으로 법에서 부과하는 의무는 수범자가 알 수 있도록 구체적이고 명확해야 한다. 하지만 모든 경우를 구체적으로 나열하는 것이 불가능하거나 상황 변화에 따라 그 의미가 변하는 일이 생길 수밖에 없다. 이러한 경우에는 특정 개념의 진정한 의미나 내용을 상황에 따라 판단하게 된다.

민주적 기본질서를 존중하는 것, ② 국민의 화합, 조화로운 국가의 발전, 민주적 여론 형성에 기여하면서 지역간·세대간·계층간·성별간 갈등을 조장하지 않는 것, ③ 타인의 명예 훼손이나 권리를 침해하지 않는 것, ④ 범죄, 부도덕한 행위, 사행심을 조장하지 않는 것, ⑤ 건전한 가정생활과 아동 및 청소년의 선도에 나쁜 영향을 끼치는 음란·퇴폐 또는 폭력을 조장하지 않는 것 등으로 구체적으로 열거한다. 하지만 방송 사업자의 공적 책임이 여기에 한정되는 것은 아니다. 또한 공적 책임을 달성하기 위해서 방송 사업자는 그 수단과 방법을 자유롭게 선택할 수 있으므로 모든 TV홈쇼핑 사업자에게 동일하게 부과되는 〈방송법〉상의 공적 책임이라도 사업자마다 다른 방법으로 구현할 수 있다.

CJ오쇼핑은 방송 사업자로서의 공적 책임을 이행하는 방법 중 하나로 사회공헌방송을 하고 있다. 2004년부터 사회사업 분야의 정기 후원자를 모집하는 〈사랑을 주문하세요〉라는 모금방송이 진행되었으며, 계열사인 CJ나눔재단과 연계하여 PD, MD, 쇼호스트 등 방송 산업과 연관된 꿈을 가진 학생들이 희망 직업을 미리 체험해 볼 수 있는 "꿈키움창의학교"를 지원하였다. 또한 방송작가와 같은 방송콘텐츠 창작자를 발굴하고 방송 인력을 육성하기 위한 사업을 후원함으로써 장기적 관점에서 방송 산업의 발전에 기여하는 사회적 책임도 수행하고 있다.

2) TV홈쇼핑 방송의 공익 추구 의무

전통적으로 방송 산업은 방송용 주파수를 이용할 수 있는 특별한 권리를 국가로부터 부여받은 사업자에게만 허용되었다. 방송에 대한 전통적인 규제 논리는 방송 사업자가 주파수라는 희소한 재화를 사용하므로 그에 따른 사회적 책임을 져야 하며, 방송 그 자체도 공익을 추구해야 한다는 것이었다. 방송 기술의 발달로 주파수를 사용하지 않는 방송이 실현되었지만 방송이라는 매체가 가지는 영향력으로 인하여 방송에게는 여전히 공정성과 공익성이 요구된다. 상품 판매라는 특성에도 불구하고 TV홈쇼핑 역시 방송으로서 공익을 추구할 의무를 가진다. 다만 그 구체적인 실현방법은 사업자의 자율에 맡겨져 있는 만큼 사업자마다 각각 기업의 특성을 살려 사회적인 책임을 이행하게 된다.

〈방송법〉 제6조에서는 일반적인 방송의 공정성 및 공익성 의무를 예시적으로 열거하는데, 이에 따르면 TV홈쇼핑 사업자는 방송을 함에 있어서 ① 성별·연령·직업·종교·신념·계층·지역·인종 등을 이유로 방송 편성에 차별을 두지 않을 것, ② 국민의 윤리적·정서적 감정을 존중하며 국민의 기본권 옹호 및 국제 친선의 증진에 이바지할 것, ③ 국민의 알 권리와 표현의 자유를 보호·신장할 것, ④ 소수이거나 이익 추구의 실현에 불리한 집단 및 계층의 이익을 반영하도록 노력할 것, ⑤ 지역사회의 균형 있는 발전과 민족문화의 창달에 이바지할 것, ⑥ 유익한 생활정보를 확산·보급하며 국민 문화생활의 질적 향상에 기여할 것 등의 의무를 지켜야 한다. 하지만 사업자는 여기에 국한될 필요 없이 다양한 공적 가치 및 공익을 추구할 수 있다.

이와 같이 〈방송법〉이 방송 사업자에게 부과하는 방송의 공정성 및 공익성 의무는 사업자가 상품 판매를 위해 송출·유통하는 TV홈쇼핑 방송에서도 동일하게 추구되어야 하는 가치이다. 더 나아가, 이는 TV 홈쇼핑 사업자가 방송 외의 기업 활동을 영위하는 데에서 추구해야 할 사회적 책임의 방향을 제시하는 중요한 기준이 되기도 한다.

CJ오쇼핑은 상품을 선정할 때 장애인이나 농어민, 소외계층과 같은 사회적 약자의 사업체나 국내 농어촌에서 생산되는 1차 상품을 직접 취급하는 협력사에게 가산점을 부여함으로써 입점 기회를 높여 준다. 특히 2007년부터는 홈쇼핑 업계 최초로 중소기업과 농가의 상품 판매를 지원하기 위한 수수료 무료방송을 진행하여 왔다.

〈1촌1명품〉은 우수한 국내 농수산물의 유통 판로를 제공하고 시청자에게 좋은 품질의 제품을 제공하기 위하여 시작된 농가 상생 프로그램이다. 〈1촌1명품〉의 성공적 사례에 힘입어 2012년에는 〈1사1명품〉이라는 중소기업의 판로 지원을 위한 수수료 무료방송이 탄생하였다. 앞선 〈1촌1명품〉이 지역 농수산물을 소개하여 지역의 경제 활성화에 기여하였다면, 〈1사1명품〉은 아이디어를 가진 스타트업 회사를 도움으로써 창의적인 혁신 상품을 발굴하는 역할을 한다고 할 수 있다. 오늘날 〈1사1명품〉은 판로 확보에 어려움을 겪는 시장 진입단계의 중소기

〈그림 7-2〉〈1촌1명품〉의 프로그램 제작 과정

〈그림 7-3〉〈1촌1명품〉 및 〈1사1명품〉의 방송 모습

업을 육성하면서 홈쇼핑 업계의 대표적인 중소기업 상생 프로그램으로 자리매김하고 있다. 누적 매출액이 400억 원을 넘은 〈1촌1명품〉, 〈1사1명품〉 프로그램은 매일 30분씩 방송된다.

그 외에도 CJ오쇼핑은 우리나라 중소기업이 해외 시장에 진출할 수 있도록 해외 시장의 환경 및 해외 소비자를 분석한 자료를 제공하고, 2014년부터는 업계 최초로 중소기업에게 가장 필요한 해외 판로 개척이라는 실질적 혜택을 제공하는 "홈쇼핑 시장개척단"을 운영 중이다. 이러한 TV홈쇼핑사의 해외 진출 및 공익 추구 활동 사례는 TV홈쇼핑 사업자가 단순한 이익 추구를 넘어 협력사와 동반성장하고 국제사회의 일원으로 그 책임을 이행하려는 노력이라고 평가할 수 있을 것이다.

3) 시청자의 권익 보호 의무

〈방송법〉 제3조는 시청자가 방송 프로그램의 기획·편성 또는 제작에 관한 의사결정에 참여할 수 있도록 하는 것과 시청자의 이익에 합치하는 방송을 할 것 등의 의무를 방송 사업자에게 부과한다. 시청자의 의견을 방송에 반영하도록 함으로써 방송이 특정 방송 사업자의 이익 추구를 위해서만 이용되는 것을 막기 위한 조치이다. 2017년 9월부터는 "상품 소개와 판매에 관한 전문 편성을 행하는 방송 사업자", 즉 TV홈쇼핑 사업자에게도 시청자위원회를 구성하여 시청자의 권익을 보호하도록 하는 장치를 구체적으로 마련하였다.

법에서 보호하고자 하는 시청자의 권익에는 여러 가지 유형이 있다. 시청자가 상품에 관한 올바른 정보를 제공받도록 하여 기만이나 오인 가능성이 있는 광고로부터 소비자를 보호하는 것 외에도, 상품의 광고 방송이나 인터넷 광고 등이 공정한 관점에서 국민정서에 맞도록 제작·유통되도록 방송의 내용을 보호하는 장치를 마련함으로써 소비자의 권리를 보호할 필요도 있다.

일반적으로 시청자가 TV홈쇼핑 방송을 보고 물건을 구매하는 상행위에 대해서는 〈전자상거래 등에서의 소비자보호에 관한 법률〉(이하 "전자상거래법")이 소비자 보호를 위한 각종 규제 및 의무를 규정한다. 〈전자상거래법〉은 전자상거래 및 통신판매 등에 의한 재화 또는 용역의 공정한 거래에 관한 사항을 규정함으로써 소비자의 권익을 보호하고 시장의 신뢰도를 높이기 위해 제정된 법률이다. 전자상거래와 통신판매를 다른 소비자 대상 상행위와는 별도로 규제하는 이유는 원격 거래의 특성상 필요한 정보의 제공 및 획득에 제한이 있기 때문이다. 이러한 제한은 TV홈쇼핑, 인터넷 쇼핑, 카탈로그 쇼핑 등의 통신을 이용한 판매에서 상품 및 거래와 관련된 정보를 비대면 방식으로 제공하면서 발생한다. 특히 인터넷, 모바일 등의 전자기기를 통해 거래가 이루어지는 TV홈쇼핑과 모바일 쇼핑의 경우에는 기기 및 기록의 조작 등에 대한 책임소재의 입증이 어렵다. 또한 대부분 대금의 결제가 이루어진 이후에 상품이 인도되는데, 지연 배송, 배송 중 파손이나 계약 내용과 상이한 상품의 배송 등을 포함하여 소비자에게 상품이 도달할 때까지의 과정에서 사고가 발생할 우려가 크다는 이유도 있다.

시장에서 소비자를 보호하기 위하여 ① 거짓 또는 과장된 사실을 알리거나 기만적 방법을 사용하여 소비자를 유인 또는 소비자와 거래하거나 계약의 해지를 방해하는 행위, ② 청약철회 등을 방해할 목적으로 주소, 전화번호, 인터넷 도메인 이름 등을 변경하거나 폐지하는 행위, ③ 분쟁이나 불만 처리에 필요한 인력 또는 설비의 부족을 상당 기간 방치하여 소비자에게 피해를 주는 행위, ④ 소비자의 청약이 없는데도 일방적으로 상품 등을 공급하고 그 대금을 청구하거나 상품 등의 공급 없이 대금을 청구하는 행위, ⑤ 소비자가 재화를 구매하거나 용역을 제공받을 의사가 없음을 밝혔음에도 불구하고 전화, 팩스, 컴퓨터 통신 또는 전자우편 등을 통하여 재화를 구매하거나 용역을 제공받도록 강요하는 행위, ⑥ 소비자 본인의 허락을 받지 않거나 허락받은 범위를 넘어 소비자에 관한 필요 이상의 정보를 이용하는 행위, ⑦ 소비자의 동의를 받지 않거나 쉽고 명확하게 소비자에게 설명·고지하지 않고 컴퓨터 프로그램 등이 설치도록 하는 행위가 〈전자상거래법〉상 금지된다.

한편 소비자가 시청자로서 가진 권리를 보호하기 위해서 〈방송법〉은 각 사업자로 하여금 시청자위원회를 설치하도록 규정한다. 시청자위원회는 방송 편성 및 방송 사업자의 자체심의 규정, 방송 프로그램의 내용에 관해 의견을 제시를 하거나 시정을 요구를 할 수 있다. 방송 사업자는 특별한 사유가 없는 한 이를 수용할 의무가 있다. 또한 〈방송법〉은 방송 사업자가 시청자위원회의 의견 또는 시정 요구를 부당한 이유로 수용하지 않는 경우에는 시청자위원회가 규제기관인 방송통신위원회에 시청자 불만 처리를 요청할 수 있도록 함으로써 실효성 있는 시청자 권익 보호를 보장한다.

이렇듯 시청자위원회는 시청자평가원의 선임 및 기타 시청자의 권익 보호와 권리 구제에 관한 업무를 담당한다. 시청자위원회의 원활한 업무 수행을 위해 TV홈쇼핑 사업자는 시청자위원회가 요구하는 필요한 자료를 제출해야 하며, 나아가 시청자위원회가 업무를 위해 관계자의 출석이나 답변을 요청하는 경우에는 특별한 사유가 없는 한 이에 응할 의무를 가진다.

이렇게 구체적 법률을 통하여 TV홈쇼핑 사업자에게 시청자위원회를 설치할 의무를 부과한 것은 2017년에 〈방송법〉이 개정되면서부터이다. 한편 CJ오쇼핑은 2016년부터 자발적으로 외부 소비자 전문가, 교수 등이 참여하는 시청자보호위원회를 설치하고 화장품이나 건강기능식품 등과 같이 소비자에게 직접적인 영향을 미치는 상품에 대한 위원회의 의견을 반영하였다. 이를 통하여 상품을 선정하는 데에 있어 소비자의 평가를 받는 한편 상품 선정에서의 공정성을 기하여 온 것이다. 새로이 설치된 CJ오쇼핑의 소비자위원회는 매달 회의를 통해 소비자

문제를 처리하고 방송 심의와 관련한 제안을 함으로써 소비자 보호에 관한 주요 정책을 평가 및 제안하고 있다.

4) 납품업자에 대한 불공정행위 금지 의무

TV홈쇼핑 사업자는 상품 소개와 판매에 관한 전문 편성을 하는 방송 채널 사업자로서 시청자 외에 납품업자에 대해서도 의무를 가진다. TV홈쇼핑 사업자는 방송 편성을 조건으로 상품 판매방송의 일자, 시각, 분량 및 제작비용과 방송수수료 등을 불공정하게 결정·취소 또는 변경하는 행위를 해서는 안 된다. 만약 이러한 행위가 발생하면 방송통신위원회가 해당 사업자의 위반사항 및 제재사항을 과학기술정보통신부장관에게 통보하고, 이를 통보 받은 과학기술정보통신부장관은 TV홈쇼핑 사업자를 대상으로 승인 취소, 업무정지, 승인 유효기간 단축 명령 등을 내릴 수 있다.

〈방송법〉에서 규정한 금지행위로서 위반 시 과징금이 부과되는 세부 사항의 유형으로는 ①TV홈쇼핑 사업자가 방송편성을 조건으로 납품업자와 상품 판매방송의 일자, 시각, 분량을 결정한 이후에 사전합의를 거치지 않은 채 부당하게 이를 취소하거나 변경하는 행위, ②납품업자가 상품판매액과 관계없는 수익배분방식(정률·정액 혼합방식 포함)을 수용하지 않았다는 이유로 TV홈쇼핑 사업자가 방송 편성에서 해당 납품업자의 상품 판매방송 일자, 시각, 분량을 다른 납품업자에 비해 현저히 불리하도록 결정하는 행위, 또는 이미 결정한 상품 판매방송의 일자, 시각, 분량을 취소하거나 다른 납품업자에 비해 현저히 불리하도록 변경하는 행위가 있다(보험상품·여행상품 등과 같이 방송 시간 중 상품판매액이 발생하지 않는 상품의 경우는 이 유형에서 제외된다). 끝으로, ③TV홈쇼핑 사업자가 방송 편성을 조건으로 납품업자에게 상품 판매 방송 사전 제작비용이나 출연료를 부담하게 하는 등 제작비용의 전부 또는 일부를 부당하게 전가하는 행위도 금지사항에 포함된다.

3. 유통 사업자로서의 책임과 의무

TV홈쇼핑 사업은 방송과 유통이 결합된 독특한 구조를 가진다. 방송은 전통적으로 공공성이 강조되는 영역이므로 방송의 공적 책임과 시청자의 복지가 중요시되어 왔지만, 유통의 기본적인 운영 원리는 수익성과 효율성이라고 할 수 있다. TV홈쇼핑의 경우에는 백화점, 대형마트 등으로 대표되는 다른 형태의 유통업체와는 다른 방식의 경쟁력을 보유하고 있다. TV를 통해 상품의 홍보와 판매를 동시에 진행하기 때문에 점포 개설과 같은 초기 투자비용이 상대적으로 낮으며 빠른 시간에 전국적인 상품 판매도 가능하다. TV 방송은 매체 자체에 대한 신뢰성이 높으므로 이를 통해 상품을 시연하는 것은 홍보 효과도 높고 정보 전달력 또한 다른 유통매체에 비해 높다. 중소기업이 TV홈쇼핑을 통해 거래를 실시한 후에 매출이 증가하고 인지도와 수익성도 함께 좋아졌다는 연구 결과가 제시되기도 하는데, 이는 TV홈쇼핑이 중소기업의 브랜드의 인지도 향상을 위해 차별화된 경쟁력을 가졌음을 보여 준다.

이러한 TV홈쇼핑 산업의 특성은 경쟁력으로 작용하는 동시에 일반적인 유통업에서는 나타나지 않는 문제도 발생시킨다. 먼저 매장을 보유하지 않은 채 방송을 통해서 상품을 판매하기 때문에 재고 관리나 상품 검수가 어려우며, 방송을 통해 판매가 이루어지니만큼 판매 시간도 제한된다는 문제점이 생겨난다. 각 상품을 판매할 수 있는 방송 시간이 제한적인 것은 물론, 주로 생방송으로 진행되는 판매 방송을 만들기 위하여 매번 소요되는 제작비용도 상당하다. 단시간에 전국적으로 대량의 상품이 판매된다는 장점이 있는 반면, 소비자의 반품도 마찬가지로 용이하기 때문에 다른 유통업에 비하여 판매량을 예측하기도 쉽지 않다는 어려움도 있다.[2]

1) 〈공정거래법〉상의 거래상 지위 남용 행위 금지 의무

〈독점규제 및 공정거래에 관한 법률〉(이하 "공정거래법")은 상품의 가격 등을 부당하게 결정·유지 또는 변경하거나 상품의 판매 또는 용역의 제공을 부당하게 조절하는 등의 시장지배적 지위를 남용하는 대규모유통업자의 행위(제3조의 2 "시장지배적지위의 남용금지")나 자신의 거래상 지위를 부당하게 이용하여 상대방과 거래하는 행위(제23조 "불공정거래행위의 금지")를 금지한다. 〈공정거래법〉은 사업자에게 이러한 행위를 직접 행하거나 계열사 또는 다른 사업자로 하여금 행하지 못하게 하는 금지 의무를 부과한다.

---

2) 윤성운·박종하(2015). "홈쇼핑 거래의 특성과 법규 개선 사항 등에 관한 검토". 〈경쟁과 법〉, 제4호, 13면.

2) 〈대규모유통업법〉상의 의무

TV홈쇼핑 사업자는 〈공정거래법〉뿐만 아니라 〈대규모유통업에서의 거래 공정화에 관한 법률〉(이하 "대규모유통업법")의 적용대상이기도 하다. 우리나라의 유통 시장에서는 대규모유통업자와 거래상대방인 납품업자 및 협력업체 간의 착취적인 거래 관행이 고질적인 문제로 지적되어 왔는데, 〈대규모유통업법〉의 제정 전에는 앞의 〈공정거래법〉을 통해 우월적 지위를 가지는 대규모유통업자를 규제하였다. 그러나 협력업체는 현실적으로 거래관계에 의존해야 하므로 TV홈쇼핑 사업자로부터 부당한 요구나 취급을 당하더라도 규제기관에 신고하는 것 자체를 기대하기 어려웠다. 또한 대규모유통업자의 눈치를 보아야 하는 납품업체에게 규제를 위한 증거를 제출하도록 협조를 받는 것도 어려웠기 때문에 납품업체나 협력업체를 조금 더 보호하기 위한 법적 조치로서 〈대규모유통업법〉이 제정되었던 것이다.[3]

　이러한 점에서 〈대규모유통업법〉은 〈공정거래법〉에서 중요하게 다

---

[3] 일반적으로 현대 자본주의 사회에서는 법보다 양당사자의 의사에 기한 계약을 유효한 것으로 인정한다. 이와 같이 사적 자치를 통한 자유로운 계약을 보장하는 것이 우리 민법상 계약 원칙이지만, 실제 시장에서 대규모유통업자와 납품업자는 계약상의 대등한 지위를 가지지 못한다. 대규모유통업자의 우월적 지위로부터 불공정한 계약과 거래 관행이 지속적으로 발생함에도 이를 양당사자의 자유로운 의사에 기한 계약으로 보는 것은 사적 자치의 본질과는 어긋나는 것이기도 하다. 〈대규모유통업법〉의 입법 취지에 관한 자세한 사항은 이효석(2015). "대규모유통업법의 주요 법률상 쟁점과 향후 과제". 〈법학논고〉, 제49호, 708~710면; 최영홍(2016). "대규모유통업법의 입법 취지와 적용 범위". 〈기업법연구〉, 30(3), 250~251면 참조.

루는 경쟁저해성과는 무관하게 유통분야에 특화된 불공정거래 행위만을 규제 대상으로 한다. 기존에 공정거래위원회가 기업의 불공정한 거래를 증명해야 했던 것과는 달리 대규모유통업자가 자신의 행위가 불공정한 거래에 해당하지 않음을 증명해야 하도록 바뀐 점, 그리고 관련 매출액의 2% 범위 내에서 과징금을 부과하는 〈공정거래법〉과 달리 납품대금 또는 연간 임대료의 범위 내에서 과징금을 산정하기 때문에 과징금 부과 기준이 상향되었다는 점 등에서 볼 수 있듯이, 〈대규모유통업법〉은 〈공정거래법〉에 비해 사업자를 더욱 강력하게 규제한다.

2015년 TV홈쇼핑 사업자에 대한 전반적인 〈대규모유통업법〉 위반 조사가 시행되었다. 이에 따라 공정거래위원회는 〈대규모유통업법〉에서 규정한 행위 중 TV홈쇼핑 거래의 특성을 고려할 필요가 있는 사항에 대한 별도의 위법성 심사 기준을 2015년 12월 31일에 제정하였으며, 이 기준은 2017년 6월 30일에 개정되어 현재에 이른다. 아래에서 소개되는 심사 지침의 내용은 〈방송법〉 제9조 제5항 단서에 따라 과학기술정보통신부장관의 승인을 받은 TV홈쇼핑 사업자가 납품업자와 거래하는 모든 행위에 적용된다.

(1) 계약체결 즉시 서면을 교부할 의무

TV홈쇼핑 사업자는 납품업자와 계약을 체결한 즉시 납품업자에게 계약사항이 명시된 계약서면을 교부할 의무가 있다. 계약을 체결한다는 것은 TV홈쇼핑 사업자와 납품업자 간의 상품 거래를 위한 합의가 발생하였음을 의미하는 것이므로 별도 형식이 요구되는 것은 아니다. 계약서에는 ① 거래 형태, 거래 품목 및 기간, ② 납품방법, 납품장소 및 일시, ③ 상품대금의 지급 수단 및 지급 시기, ④ 상품의 반품 조건, ⑤ 대규모유통업자가 상품판매대금에서 공제하는 판매수익 또는 수수료 및 납품업자가 판매수익 또는 수수료 외에 추가로 부담하는 비용, ⑥ 방송 횟수 및 일시, ⑦ 방송 출연자의 인건비와 그 분담 여부 및 조건, ⑧ 소비자가 주문한 상품의 배송 조건, ⑨ 소비자가 구매를 취소하거나 반품한 상품의 배송 및 처리 조건이 반드시 명시되어야 한다. 양당사자는 이러한 법정 계약사항의 전부에 대해 동시에 일괄적으로 계약을 체결할 수도 있고, 계약사항별로 시차를 두어 따로 계약을 체결할 수도 있다. 예를 들어 TV홈쇼핑 사업자가 납품업자와 일부 사항에 대해서만 우선 계약을 체결하고 나머지 사항은 나중에 정하기로 합의를 하였다면 그러한 내용을 기재하되 그 계약서면을 즉시 납품업자에게 교부하여야 한다. TV홈쇼핑 사업자는 계약서면을 납품업자에게 교부하기 전에는 납품할 상품을 제조·주문하게 하거나 납품할 상품을 위한 설비·장치를 준비하도록 요구할 수 없다.

이러한 계약서의 즉시교부 의무를 부과한 것은 납품업자가 납품물량을 책임지고 준비할 시간을 충분히 주고자 하는 목적도 있지만, 관행상 계약사항을 문서화하지 않고 구두로만 계약을 하였다가 이후 상황이 변하였을 때 TV홈쇼핑 사업자가 이에 대한 책임을 납품업자에게 전가하는 폐해가 있었기 때문이다. 만일 3번의 판매방송을 할 것을 방송일 6개월 전에 구두로 약속하고 서면으로는 첫 방송에 대해서만 계약을 한 후 계약서면을 교부하였다면 이는 계약서면 교부의무를 위반한 것이다. CJ오쇼핑의 경우에는 계약사항이 기재된 '방송조건협약서'를 최소한 방송 3일 이전에 교부하는 것을 원칙으로 하여 시행하고 있다.

(2) 판매촉진비용의 부담전가 금지 의무

행사 이전에 납품업자와 약정을 하지 않은 이상, TV홈쇼핑 사업자는 할인판매, 상품권 지원, 신용카드 할부수수료 지원행사, 적립금 및 사은품 증정행사, 모바일 주문 할인행사와 같이 판매를 증진시키려는 목적의 모든 판매촉진행사에 대한 비용을 납품업자에게 부담시켜서는 안 된다. 판매촉진행사를 실시하기 위하여서는 사전에 반드시 ① 판매촉진행사의 명칭·성격 및 기간, ② 판매촉진행사를 통하여 판매할 상품의 품목, ③ 판매촉진행사에 소요될 것으로 예상되는 비용의 규모 및 사용 내역, ④ 행사를 통하여 대규모유통업자와 납품업자가 직접적으로 얻을 것으로 예상되는 경제적 이익의 비율(비율을 산정할 수 없는 경우에는 그 비율이 같은 것으로 추정), ⑤ 판매촉진비용의 분담 비율 또는 액수에 대한 약정이 있어야 한다. 납품업자의 판매촉진비용 분담 비율은 100분의 50을 초과할 수 없으며, 분담 비율에 대한 사전 약정은 해당 판매촉진행사로 인해 양당사자가 실제 얻은 매출액이나 이익의 크기와 관계없이 이행되어야 한다. 사전에 약정한 판매촉진행사를 진행하면서 당초 약정사항에 포함되지 않은 비용을 TV홈쇼핑 사업자가 임의로 부담했다 하더라도 이를 판매촉진비용 분담의 대상으로 삼을 수 없으며 임의 부담자가 책임을 져야 한다.

이러한 판매촉진비용 부담전가 금지 의무를 효율적으로 실시하기 위해 CJ오쇼핑은 납품업자의 판매촉진비용 분담 비율이 50%를 넘지 못하도록 제한하는 시스템을 설계, 운영 중이며, 평균적으로 CJ오쇼핑이 분담하는 비율도 50%를 상회하는 70%로 유지하고 있다.

한편 TV홈쇼핑 사업자는 상품 판매방송 서비스를 제공하고 그 대가로 판매수수료를 받기 때문에 방송 제작비용 일체를 책임져야 한다. 이러한 본질적 방송 제작비용에 해당하는 지출은 판매촉진비용에 포함되지 않는다. 판매전문가・보조출연자(유명인사, 상품전문가 등)・방청객 등의 출연, 방송세트(무대장치・설비 등)・상품 소개 프로그램 제작 등에 소요되는 비용은 방송 제작비용에 포함되므로 납품업자에게 분담하도록 해서는 안 된다(〈방송법〉 시행령 제63조의 5[별표 2의 2]는 방송출연료를 방송 제작비용으로 규정한다).

(3) 경제적 이익 제공의 요구 금지 의무

TV홈쇼핑 사업자는 정당한 사유 없이 납품업자에게 자기 또는 제3자를 위하여 경제적 이익을 제공하게 할 수 없다. 여기에서 경제적 이익이란 TV홈쇼핑 사업자가 납품업자와 체결한 거래계약의 고유한 성질에 따라 통상적, 기본적으로 수수하는 판매수수료 이외에 일체의 경제적 가치가 있는 것을 의미하며 보조금, 장려금, 성과금, 기부금, 각종 비품 등 물품 제공, 기타의 이익 제공 등의 다양한 형식을 포함한다. "경제적 이익"이나 "정당한 사유"에 해당하는지 여부는 사전 합의 여부 및 납품업자의 예측 가능성, 상품 판매방송과 경제적 이익의 관련 정도, 경제적 이익의 내용・성격 및 해당 업종의 통상적인 거래 관행 등을 종합적으로 고려하여 판단한다. 예를 들어 TV홈쇼핑 사업자가 납품업자와 체결한 적법한 계약 내용에 따라 수취하는 판매촉진비용, 판매장려금, 간접비 등, 또는 사전에 계약으로 정하지 않았다 하더라도 납품업자가 당연히 부담하여야 하는 비용(납품업자의 과실에 따른 손해배상 등)을 요구하는 것은 법 위반이 아니다. 또한 "제공하게 하는 행위" 자

체가 금지되는 것이므로 납품업자가 TV홈쇼핑 사업자 및 제3자에게
결과적으로는 경제적 이익을 제공하지 않았더라도 그러한 요구가 있었
다면 법규 위반으로 볼 수 있다.

TV홈쇼핑 사업자가 해외여행상품을 위한 홍보영상물을 현지 제작하
면서 자신의 소속 직원들의 항공·숙박비를 납품업자로 하여금 부담하
도록 강요하는 행위나 방송 제작비용에 해당하는 판매전문가, 유명인
사, 방청객 등의 인건비를 납품업자로 하여금 부담하도록 요구하는 것
은 금지된다. 그러나 납품업자가 특정 판매전문가·보조출연자(유명인
사, 상품전문가 등)·방청객 등 방송출연자의 추가 또는 변경을 요구할
경우에 추가·변경으로 인해 추가로 소요되는 비용의 분담에 관해 상호
협의하여 서면으로 정한다면 법적 문제가 없을 것이다.

CJ오쇼핑은 준법지원인과 감사팀을 두어 임직원의 입점 관련 및 각
종 부정청탁, 과도한 선물이나 경조사비를 요구하는 등의 금품수수를
포함한 기타 권한 남용 행위를 제보할 수 있는 제도를 운영하기도 한다
(〈그림 7-4〉의 열린감사실 제도 등).

〈표 7-1〉 〈대규모유통업법〉상 TV홈쇼핑 사업자의 의무

대규모유통업법의 조항	TV홈쇼핑 사업자의 의무
제7조	상품대금 감액 의무
제8조	상품판매대금 지급 의무
제9조	상품 수령 거부 및 지체 금지 의무
제10조	상품의 반품 금지 의무
제12조	납품업자 등의 종업원 사용 금지 의무
제13조	배타적 거래강조 금지 의무
제18조	불이익 금지 의무

(4) 기타 〈대규모유통업법〉상의 TV홈쇼핑 사업자의 의무

이외에도 〈대규모유통법〉은 상품대금 감액 의무, 상품판매대금 지급 의무, 상품 수령 거부 및 지체 금지 의무, 상품의 반품 금지 의무, 납품업자 등의 종업원 사용 금지 의무 및 배타적 거래강요 금지 의무를 규정한다. 또한 법의 실효성 확보를 위해 제18조에 불이익 금지 의무를 마련함으로써 납품업자 등이 대규모유통업자의 법 위반 행위를 관계기관에 신고하거나 알렸다는 이유로 대규모유통업자가 해당 납품업자 등에게 불리하게 계약 조건을 변경하는 행위 등을 금지하였다.

TV홈쇼핑 사업자가 위에서 언급한 〈대규모유통업법〉상의 의무를 위반하는 경우에는 모두 시정명령 및 과징금이 부과된다. 과징금은 해당 대규모유통업자가 위반행위를 한 기간 동안 구매한 관련 상품의 매입액 또는 연간 임대료의 2배를 초과하지 않는 범위 내에서 부과할 수 있다. 만일 관련 납품대금 또는 관련 임대료, 위반 금액을 산정하기 곤란한 경우에는 5억 이하의 범위 내에서 위반 행위 중대성의 정도(매우 중대한 위반 행위, 중대한 위반 행위, 중대성이 약한 위반 행위)에 따라 각각

3억 원 이상 5억 원 이하, 1억 원 이상 3억 원 미만, 1천만 원 이상 1억 원 미만의 범위 내에서 과징금 금액을 정하게 된다.

4. CJ오쇼핑의 사회적 책임에 대한 평가

기업의 활동은 크게 두 가지 영역으로 구분될 수 있다. 하나는 기업의 전문성을 확보하기 위한 기업 고유의 활동이고, 또 하나는 기업에 대한 소비자와 사회의 평가를 높이기 위한 활동이다.

CJ오쇼핑이 각종 방송에서의 상품 판매를 통해 이윤을 창출하는 것이 TV홈쇼핑 사업자로서의 전문성이 발휘된 고유의 활동이라면, 앞에서 간략하게 소개된 사례에서처럼 이윤과 관계없이 실시하는 각종 공익 추구 및 사회공헌 활동은 소비자로 하여금 CJ오쇼핑에게 호의적인 인식을 갖도록 하기 위한 활동에 속한다. 이미 다른 사례연구를 통해서 사업의 특성을 부각시켜 잘 기획한 사회공헌 활동은 기업의 이미지 제고에 긍정적인 영향을 미친다는 것이 증명된 바 있다. 특히, 비슷한 상품과 서비스를 제공하는 홈쇼핑 산업에서의 경쟁우위는 상품 자체보다는 기업의 브랜드 이미지와 신뢰도에 크게 의존하고 있다 해도 과언이 아니다.

CJ그룹은 TV홈쇼핑 외의 다양한 영역에서 사업을 진행 중이나 모든 사업이 '문화'와 '상생경영'이라는 연관성을 가진다. 4) CJ오쇼핑은 창조

---

4) 유창조·이형일(2016). "CJ그룹의 CSV경영: 현황과 미래과제". 〈Korea Business

경영, 상생경영, 나눔경영이라는 3대 사회공헌 원칙에 따라 우수 중소기업을 대상으로 해외 진출 기회를 제공하고 한국형 TV홈쇼핑 모델을 세계에 소개하며 공정거래 확립 등 상생을 위한 구체적 전략을 제시하면서 유통 사업자로서의 사회적 책임을 이행하고 있다.

CJ그룹 중에서도 특히 협력업체와의 관계가 중요시되는 CJ오쇼핑은 유통 기반이라는 사업의 특성을 활용하여 중소기업과의 활발한 교류를 맺어 왔다. 〈1사1명품〉 프로그램을 통해 경쟁력이 입증된 상품을 T커머스의 정규 방송에 편성하거나 전 세계에 구축된 글로벌 TV홈쇼핑 네트워크를 활용하여 중소기업의 해외 진출을 돕는 등 유망한 중소기업의 경쟁력을 제고하기 위하여 정부의 노력이 미치지 못하는 부분까지 지원하는 여러 사례들은 눈여겨 볼 필요가 있다.

일반적으로 기업의 사회적 책임은 기업이 사회 문제를 인식하고 회사의 수익을 사회공헌 활동을 위해 지출하는 수혜형 활동에서 출발한다. 아동복지를 후원하는 단순 기부, 무료 사회공헌 방송, "꿈키움창의학교"와 같은 교육 프로그램은 사회적 가치나 공익을 위해 기업이 비용을 감당하는 초기 형태의 사회적 책임이라고 할 수 있다. 이러한 수혜형 활동은 지원이 필요한 곳에 직접적인 혜택이 돌아가고 단기적으로 기업 이미지를 제고시킬 수 있다는 장점을 가지는 반면, 사회적 책임 이행이 기업의 매출과 직결되어 이루어지므로 장기적인 지속가능성 여부가 불투명하다는 단점이 있다.

그러나 CJ오쇼핑은 단순 수혜적인 사회공헌보다는 생태계의 동반자

Review〉, 제20권 제4호, 157면 참고.

인 중소기업의 활성화를 통해 장기적인 상생형 프로그램을 적극적으로 개발하여 운영한다고 평가할 수 있다. 이러한 사업은 초기에는 성과가 크지 않지만 꾸준히 전개된다면 지속적 효과를 나타낼 것으로 보인다. 해외 판로의 개척을 돕는 "시장개척단"을 기반으로 중소기업의 해외 매출을 증대시키는 것과 합작회사를 통해 판매채널을 다각화하는 활동 역시 가시적인 수익성을 내고 있으므로 지속적으로 발전할 가능성이 보인다. 특히 〈1촌1명품〉, 〈1사1명품〉과 같은 방송은 농어촌 지역 및 신생 중소기업의 유통채널 확대라는 사회적 문제를 해결하면서 새로운 가치를 창출해 내는 지속가능한 사회적 책임의 좋은 모델이 되었다.

인터넷을 통하여 정보가 실시간으로 공유되고 소비자의 의식도 높아져 더 이상 사회적인 책임을 다하지 않고 이윤만을 추구하는 기업의 지속가능성은 보장될 수 없는 환경이 형성되었다. '스마트'해진 소비자는 개인적이고 이기적인 소비보다는 작지만 사회와 환경을 개선할 수 있는 실천적 소비를 추구하며 사회적인 가치를 실현하는 기업과 상품에 더 많은 관심을 가진다. 이에 따라 기업의 활동도 소비자와 고객이 원하는 가치 및 사회적으로 요구되는 가치를 충족할 수 있는 방향으로 이행되는 등 기업 문화도 변해 가고 있다. TV홈쇼핑 사업자로서 다양한 사회적 책임을 추구해 온 CJ오쇼핑도 방송 사업자 및 유통 사업자로서의 전문성을 활용하여 새로운 수익을 창출할 수 있는 다양한 기업의 사회적 책임 활동을 개발함으로써 TV홈쇼핑사로서의 경쟁력을 더욱 강화해 나가길 기대한다.

참고문헌

제1장 TV홈쇼핑 산업의 구조

공정거래위원회(2011a). "경쟁상황평가 틀 및 TV홈쇼핑 시장의 경쟁 정책".

_____(2011b). "대형유통업체 판매수수료 수준 공개". 보도자료.

_____(2016). "2016년도 백화점, TV홈쇼핑 판매수수료율 결과". 보도자료.

김성욱(2007). "TV 홈쇼핑 산업의 현황 및 전망". 신한은행 FSB 연구소.

남재현(2016). "검색광고 유통방식에 대한 경제학적 소고". 〈정보통신정책연구〉, 23(2), 49~80면.

대한상공회의소(2015). 《2015년 유통산업백서》.

_____(2017). 《2017년 유통산업백서》.

문상일(2016). "TV홈쇼핑 산업 활성화를 위한 제도 개선방안에 관한 소고". 〈기업법연구〉, 30(3), 9~28면.

미래창조과학부(2014). "공영TV홈쇼핑 승인 기본계획".

미래창조과학부·방송통신위원회(2015). 《2015년 방송 산업 실태조사 보고서》.

박민수·양준석(2015). "지상파방송 재전송 대가추정: 지상파방송사와 종합유선방송사업자 간 협상을 중심으로". 〈산업조직연구〉, 23(3), 99~138면.

박상호(2014). "제7홈쇼핑의 이슈와 쟁점". 2014년 사단법인 한국언론인 협회세미나 발제문(2014. 10. 17.)

박정우·이영주(2012). "홈쇼핑송출수수료가 케이블SO의 시장성과 개선에 미치는 영향에 관한 연구". 〈한국방송학보〉, 26(3), 218~254면.

_____(2014). "디지털 유료방송가입자의 TV 홈쇼핑 채널의 시청행위와 구매동기가 반복구매에 미치는 영향에 관한 연구". 〈한국언론학보〉, 58(3), 36~58면.

방송통신위원회(2008). "TV홈쇼핑 채널 제도화 방안 연구".

_____(2016). 《2016년도 방송시장 경쟁상황 평가》.

송인성(2016). 《지상파방송 재전송료 산정에 관한 연구》. 서울대학교 산학협력단.

이상규·송원호(2017). "지상파 재송신료의 합리적 산정방안 및 결과". 〈정보통
    신정책연구〉, 24(1), 1~40면.
전경련중소기업협력센터(2007). "중소기업의 TV 홈쇼핑 활용 전략 보고서".
중소기업청(2015). "홈쇼핑을 통한 창조경제 활성화 방안에 대한 연구".
차세정·남윤성·박철순(2016). "TV홈쇼핑 산업의 성장과 과제: 우리홈쇼핑(채널
    명: 롯데홈쇼핑) 사례를 중심으로". 〈중소기업연구〉, 38(1), 135~167면.
한국온라인쇼핑협회(2016). 《2015 온라인쇼핑 시장에 대한 이해와 전망》.
홍종윤·정연주(2012). "지상파방송 재송신 대가 산정을 위한 손익요인 도출 및
    이익형량에 관한 연구". 〈언론정보연구〉, 49(1), 259~294면.

제 2장 소셜미디어에 나타난 TV홈쇼핑에 대한 인식

김보라·김우희·정윤혁(2017). "기업의 위기대응전략에 대한 소셜미디어 이용자
    의 반응 연구". 〈한국빅데이터학회지〉, 2(1), 27~39면.
이선희(2017). "통계로 보는 홈쇼핑 방송 환경의 변화". 〈KISDI STAT Report〉,
    17(14), 1~9면.
황성욱·박혜빈(2016). "홈쇼핑 채널 이미지의 구성 요인이 시청만족도 및 구매
    의도에 미치는 영향". 〈광고학연구〉, 27(6), 209~239면.

Abric, J. (2001). A structural approach to social representations. In: K.
    Deaux, G. Philogène (eds.), *Representations of the social: Bridging
    theoretical traditions*, Oxford: Blackwell Publishers, pp. 42~47.
Jung, Y. & Pawlowski, S. D. (2014). Understanding consumption in social
    virtual worlds: A sensemaking perspective on the consumption of virtual
    goods. *Journal of Business Research*, 67(10), pp. 2231~2238.

제 3장 TV홈쇼핑 산업의 규제

공정거래위원회(2016). "2016년도 백화점, TV홈쇼핑 판매수수료율 결과". 보도
    자료.
과학기술정보통신부(2017). "TV홈쇼핑(공영, 롯데) 재승인 심사기준". 보도자료.

미래창조과학부(2013). "중소기업 TV홈쇼핑 정책 개선방안". 보도자료.

_____(2014). "공영TV홈쇼핑 승인 정책방안". 보도자료.

_____(2015). "TV홈쇼핑 3개사 재승인 결정". 보도자료.

_____(2017). "TV홈쇼핑사 주요 영업편성 통계요약('16년도)".

방송통신위원회(2016). 《2016년 방송 산업 실태조사 보고서》.

방송통신심의위원회(2017). 《제 3기 방송통신심의위원회 백서》.

이선희(2017). "통계로 보는 홈쇼핑 방송 환경의 변화". 〈KISDI STAT Report〉,
    17(14), 1~9면.

이종원·박민성(2011). 《홈쇼핑 시장의 환경 변화에 따른 정책개선 방안 연구》.
    정보통신정책연구원 연구보고서.

제 4장 옴니채널 시대의 TV홈쇼핑 마케팅 전략

〈국민일보〉(2014. 9. 15). "온·오프 융합 '옴니채널' 구축 박차… 유통가 '공간·
    시간의 벽을 부숴라'".

김국현(2017. 6. 1). "O4O, 지속적인 가치를 제공하라". 〈Cheil Magazine〉, http://
    magazine. cheil. com/23316. 〔2017년 9월 15일 접속〕

김상훈·안대천·임수현(2013). "'TV 연동형 M-커머스 광고'에 대한 소비자 인
    식 및 태도에 관한 탐색적 연구". 〈광고학연구〉, 24(5), 29~51면.

김세은·김문영(2017). "패션 산업에서 옴니채널 전략에 관한 탐색적 연구".
    〈Journal of the Korean Society of Costume〉, 67(1), 40~55면.

〈동아비즈니스리뷰〉(2009. 8). "소비자 의사결정 '깔때기 모형' 유효성 끝났다".

박지은·김수원·김은·김성철(2017). "T커머스 이용 및 구매 결정요인 분석".
    〈한국방송학보〉, 31(1), 5~37면.

배진철(2015. 10. 12). "소비자 경험 향상을 위한 마케팅 채널의 최적화, 디지털 마
    케팅 전략의 핵심". 〈월간 광고계동향〉, https://www. adic. or. kr/ journal/
    column/show. do?ukey=421478. 〔2017년 9월 15일 접속〕

삼정KPMG경제연구원(2016). "소비패턴의 11가지 구조적 변화". 〈Samjong
    Insight〉, 제 43호.

오정아(2016). "국내·외 유통업체의 옴니채널 전략 활용현황 분석". 〈한국실내
    디자인학회 논문집〉, 25(5), 111~120면.

이보경·허정욱·김태진(2013. 6). "모바일커머스 시대, 상거래의 모습은 어떻게 바뀌나". 〈Digieco Issue & Trend 보고서〉, http://www.digieco.co.kr/ KTFront/report/report_issue_trend_view.action?board_id=issue_trend&board_seq=7893#. 〔2017년 9월 15일 접속〕

이보미·김미숙(2016). "홈쇼핑 모바일앱 전환 및 만족도 영향 요인 연구". 〈복식문화연구〉, 24(5), 544~560면.

정기수(2011). "T-commerce 환경에서의 온라인 소매 행위 영향 요인에 관한 연구". 〈e-비즈니스 연구〉, 12(2), 229~254면.

허정욱·김태진(2013. 1). "커머스 플랫폼으로서의 TV의 진화". 〈Digieco Issue & Trend 보고서〉, http://www.digieco.co.kr/KTFront/board/board_view. action?board_seq=7508&board_id=issue_trend. 〔2017년 9월 15일 접속〕

DMC Report(2015). "2015년 소비자의 구매의사결정 과정별 정보획득 및 공유행동의 이해: 2015년 업종별 소비자 통합 보고서".

_____(2017). "2017 인터넷 쇼핑 행태와 쇼퍼 그룹 및 쇼핑몰 분석 보고서".

Nielsen Korea(2017). "2017년 1분기 전자상거래 분석보고서".

〈SK증권〉(2017. 2. 9). "홈쇼핑, 턴어라운드 기대: CJ오쇼핑이 가능성을 보여줌", http://paxnet.moneta.co.kr/WWW/data/researchCenter/attach/2017/I001_UNIT_20170207150926_2502067_1.pdf. 〔2017년 9월 15일 접속〕

Court, D., Elzinga, D., Mulder, S. & Vetvik, O. J. (Jun. 2009). The consumer decision journey. *McKinsey Quarterly*, https://www.mckinsey.com/business-functions/marketing-and-sales/our-insights/the-consumer-decision-journey. 〔2017년 9월 15일 접속〕

Dadoo, A. (May, 2014). Showing or webrooming? - Is one better than the other for a brick & mortar store? *Inc42*, https://inc42.com/resources/showrooming-webrooming-one-better-brick-mortar-store. 〔2017년 9월 15일 접속〕

Verhoef, P. C., Kannan, P. K., & Inman, J. J. (2015). From multi-channel retailing to omni-channel retailing: Introduction to the special issue on multi-channel retailing. *Journal of Retailing*, 91(2), p. 176.

제 5장 TV홈쇼핑 채널의 국제화: 시도와 성과

〈국민일보〉(2015. 4. 6). "TV홈쇼핑, 고객 찾아 해외로 해외로".

〈더벨〉(2016. 2. 24). "현대홈쇼핑, 한발 늦은 해외사업 따라잡기".

〈세계일보〉(2017. 9. 17). "'사드리스크 못 넘은 한국 기업… 저가매각·철수 줄잇나".

〈아시아경제〉(2017. 8. 10). "현대홈쇼핑, 2분기 T커머스·모바일 사업 호조… 해외 적자는 여전".

〈연합인포맥스〉(2017. 7. 7). "'실적부진에 사드까지'… CJ·롯데홈쇼핑, 중국 사업 구조조정".

〈전자신문〉(2014. 2. 11). "GS홈쇼핑 말레이시아 진출… 국내 홈쇼핑 사업 10개국으로 확대".

_____ (2017. 7. 13). "KBS미디어·현대홈쇼핑, 한류 콘텐츠 기반 해외 홈쇼핑 사업 공동 추진".

〈한국경제〉(2016. 8. 24). "장사 좀 되면 합작사 '뒤통수'… 한국 홈쇼핑, 중국 사업 잔혹사".

〈헤럴드경제〉(2017. 5. 29). "홈쇼핑, 해외사업 철수 도미노 왜?".

〈Business Watch〉(2017. 6. 7). "롯데홈쇼핑, 중국 손실확대에 '전전긍긍'".

〈CEO스코어데일리〉(2017. 8. 22). "CJ오쇼핑, 해외손실폭 확대… 중국·인도 적자난 심각".

〈EBN〉(2011. 1. 13). "5대 홈쇼핑 "돌격 해외로"… 올해 '청사진'".

〈IBK투자증권〉(2017. 3. 20). "산업분석보고서".

http://corporate. qvc. com(QVC 웹페이지) 자료. 〔2018년 1월 19일 접속〕

제 6장 TV홈쇼핑 사업자의 T커머스 포지셔닝

〈연합뉴스〉(2016. 7. 10). "유료방송, 홈쇼핑 매출이 총매출의 1/4".

대한상공회의소(2015). 《2015년 유통산업백서》.

박웅기·한예진(2014). "Q방법론을 이용한 TV홈쇼핑 구매 선호자 유형연구". 〈한국방송학보〉, 28(4), 117~156면.

〈이데일리〉(2016. 3. 31). "재승인 문턱 넘은 T커머스. 아직 산 넘어 산".

〈디지털데일리〉(2014. 6. 27). "T커머스 시장은 지지부진… 미래부, 살릴까 방치할까".

최현정 · 박준홍 · 나건(2013). "TV 홈쇼핑 산업에서의 새로운 가치창출에 관한 연구". 〈디지털디자인학연구〉, 13(1), 353~362면.

허정욱 · 김태진(2013. 1. 15). "커머스 플랫폼으로서의 TV의 진화". 〈Digieco Issue & Trend 보고서〉.

제 7장 TV홈쇼핑 사업자의 법적 책임과 사회적 책임

유창조 · 이형일(2016). "CJ그룹의 CSV경영: 현황과 미래과제". 〈Korea Business Review〉, 제 20권 제 4호, 155~181면.

윤성운 · 박종하(2015). "홈쇼핑 거래의 특성과 법규 개선 사항 등에 관한 검토". 〈경쟁과 법〉, 제 4호, 13면.

이효석(2015), "대규모유통업법의 주요 법률상 쟁점과 향후 과제". 〈법학논고〉, 제 49호, 708~710면.

최영홍(2016). "대규모유통업법의 입법취지와 적용 범위". 〈기업법연구〉, 30(3), 250~251면.

저자 소개

(가나다 순)

김성철

현재 고려대학교 미디어학부 교수이며 고려대학교 도서관장과 한국정보사회학회장을 맡고 있다. 서울대학교 경영학과를 졸업하고 서울대학교 대학원에서 경영학 석사학위를 받았으며 미국 미시간주립대학교(Michigan State University)에서 텔레커뮤니케이션 전공으로 석사학위와 박사학위를 취득했다. SK에서 13년간 정보통신분야 신규사업을 담당하였고 개방형 직위인 서울특별시 정보시스템 담당관을 거쳐 카이스트(구 한국정보통신대학교) IT 경영학부 부학부장, 한국전자통신연구원(ETRI) 초빙연구원, 고려대학교 부설 정보문화연구소장, 한국미디어경영학회 회장을 역임했다. 미디어산업연구센터를 설립하여 급변하는 미디어 산업현장에서 필요로 하는 미디어 경영전략과 정책연구를 수행하고 있다.

남재현

현재 고려대학교 경제학과 교수로 재직 중이다. 서울대학교에서 경제학을 전공하고, 하버드대학교에서 석사와 박사 학위를 취득하였다. 주요 관심 연구 분야는 산업조직론과 반독과점(antitrust) 분야이며, 연구 주제로는 Durable good pricing, Platform competition, Merger simulation 등이다. *Rand Journal of Economics*, *International Economic Review* 를 비롯한 다양한 학술지를 통해 논문을 출판하였고, *Information Economics and Policy* 등 다수의 저널에서 편집위원으로 활동하였다.

박주연

현재 한국외국어대학교 미디어커뮤니케이션학부 교수로 재직 중이며 학부와 대학원에서 미디어 산업론, 디지털미디어정책, 미디어엔터테인먼트 콘텐츠론을 강의하고 있다. 독일 베를린자유대학교에서 커뮤니케이션학으로 석사 및 박사학위를 받았다. 한국언론진흥재단 선임연구위원을 지냈고, 방송통신위원회 방송시장 경쟁상황 평가위원회, 공익채널평가위원회 등 다양한 정책영역 위원으로 활동했으며, 미디어 관련 다양한 학회에서 활동 중이다. 연구 관심분야는 미디어산업정책과 콘텐츠 영역이다.

안정민

현재 한림대학교 글로벌 융합대학 정보법과학 전공교수로 재직 중이다. 이화여자대학교, 일본 규슈대학교(九州大學), 미국 워싱턴주립대학교 법학대학원(University of Washington School of Law)에서 법학을 전공하였고, 연세대학교에서 행정법으로 박사학위를 받았다. 뉴욕주 변호사이며 방송통신위원회 방송평가위원, 방송 채널 사용사업자 재승인 심사위원으로 참여했다. 인터넷기업과 통신기업 자문 등 CSR, 주파수 정책, 개인정보보호를 포함한 방송통신법 분야 전반에 걸친 연구를 하고 있다.

전범수

현재 한양대학교 언론정보대학 신문방송학과 교수로 재직 중이다. 한양대학교 신문방송학과를 졸업하고 동 대학원 석사, 미국 뉴욕주립대학교(버펄로)에서 커뮤니케이션학 박사학위를 받았다. 주요 연구 관심사는 글로벌 미디어 산업과 정책에 대한 것이다. 영화 및 콘텐츠 산업의 비즈니스 및 국제화 전략에도 관심이 많다.

정윤혁

현재 울산과학기술원 경영학부 부교수로 재직 중이다. 미국 루이지애나주립대학교
(Louisiana State University)에서 경영정보학 박사학위를 취득하였다. 디지털미디어,
모바일 서비스, 의료정보시스템 영역에서 사용자의 정보기술 수용을 연구하고 있으
며 사생활 침해와 디지털 중독과 같은 정보기술의 부작용에 대한 연구도 진행 중이
다. 관련연구를 *Information Systems Journal*, *Information & Management*, *New
Media & Society*, *Journal of Computer-Mediated Communication* 외 다수 저명 국
제 학술지에 게재하였다. 한국지식경영학회, 한국정보사회학회, 한국미디어경영
학회 이사를 역임하였으며, 현재 한국연구재단 등재지인 〈정보사회와 미디어〉 편
집위원장을 맡고 있다.

최세정

현재 고려대학교 미디어학부 교수로 재직 중이며, 미시간주립대학교(Michigan State
University)에서 광고학 석사와 매스미디어(광고) 박사학위를 취득하였다. 광고대행
사 오리콤에서 AE로, 텍사스-오스틴 대학교(University of Texas at Austin)에서 조교
수, 부교수로 재직했다. 현재 *Journal of Advertising and Promotion Research* 편집위
원장, 〈광고학연구〉 편집장, *International Journal of Advertising*, 〈광고학보〉,
〈사이버커뮤니케이션학보〉의 편집위원을 맡고 있다. 주요 연구 분야는 디지털 환
경의 소비자 행동과 광고 효과로서 국내외 학술지에 50여 편의 논문을 게재했다.

뉴미디어와 정보사회 개정판

이 책은 정보사회를 살아가는 데 필요한 지식으로서 매스미디어를
이해하려는 사람들에게 체계적인 이해의 틀을 제공하는 목적에 충
실하였으며, 전문적 이론보다는 매스미디어의 실제 현상을 쉽게 이
해할 수 있도록 서술하였다. 개정판에서는 기존의 구성을 유지하면
서 최근의 다양한 변화, 특히 뉴미디어의 도입에 따른 변화와 모바
일 웹, 종합편성채널, 미디어산업에서의 빅데이터 활용 등에 초점
을 맞추었으며, 매스미디어의 실제 현상 역시 최신의 사례로 업데
이트하였다.

오택섭 · 강현두 · 최정호 · 안재현 지음 | 크라운판 | 528면 | 값 28,000원

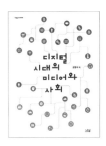

디지털시대의 미디어와 사회

물리적 세계를 넘어 삶마저도 디지털화되는 사회에서 미디어는 어
떤 모습이며 어떤 방향으로 나아가고 우리는 이를 어떻게 수용해
야 하는가? 디지털이 일상으로 파고들었지만 그간의 기간이 그리
길지는 않았기에 아직 미디어의 디지털화에 따른 변화양상과 역할,
영향 등을 폭넓게 다룬 책이 없었다. 이 책은 미디어의 기술적 진화
에 따라 사회와 산업, 시장에 영향을 미치는 과정이 이에 따른 이론
적 논의 및 법과 제도의 변화 등을 폭 넓게 살폈다.

김영석(연세대) 외 지음 | 크라운판 변형 | 462면 | 29,000원

스마트미디어
테크놀로지 · 시장 · 인간

이 책은 테크놀로지, 시장, 인간의 방향에서 스마트미디어에 접근
한다. 이를 위해 15명의 언론학자들이 각자의 연구 분야에서의 다
양한 물음을 정리하고 답변을 찾는 방식으로 스마트미디어가 야기
하는 시장 경쟁, 규제, 이용자 이슈 등을 논한다. 기술의 현재와 사
례를 주로 다루는 기존의 스마트미디어 관련 도서에 비해 이 책은
테크놀로지, 시장, 인간에 대한 고민과 탐색, 전망에 중점을 두어
독자에게 스마트미디어 사회를 더욱 깊게 이해할 수 있게 하고 향
후 관련된 더 풍부한 논의를 촉진시킬 것이다.

김영석(연세대) 외 지음 | 신국판 | 468면 | 값 22,000원

사회과학 통계분석 [개정판]
SPSS/PC+ Windows 23.0

문항 간 교차비교분석, t-검증, ANOVA, 상관관계분석, 회귀분석, 통로분석, 인자분석, Q 방법론, 판별분석, 로지스틱 회귀분석, 반복측정 ANOVA, ANCOVA, MANOVA, LISREL(AMOS), 군집분석, 다차원척도법, 신뢰도분석, 생존분석(생명표), Kaplan-Meier 생존분석, Cox 회귀분석 등 사회과학 통계방법을 총망라했다. 각 장에는 논문을 쓸 때 필요한 절차와 내용을 설명한 논문작성법을 제시했으며 개정판에서는 분석력이 강화된 SPSS/PC+ 23.0의 실행방법을 설명했다.

최현철(고려대) 지음 | 4×6배판 변형 | 828면 | 38,000원

SPSS 명령문을 활용한 사회과학 통계방법

SPSS의 명령문, 즉 신택스를 어떻게 구성하고 실행하는가를 보여주는 데 집중한 책이다. SPSS의 메뉴판을 이용한 데이터 분석 방법은 처음에는 쉽게 느껴질 수 있지만 새로운 데이터 분석 환경에서 한계에 부딪힐 수 있다. 이에 비해 SPSS 명령문 작성에 익숙해지면 SPSS가 아닌 다른 통계분석 프로그램에도 쉽게 적응할 수 있다. 쉬운 내용을 시작으로 어려운 내용을 전달하는 단계적 방식으로 글의 난이도를 조정하였으며 수학 공식을 유도하는 과정에서 어떤 아이디어가 담겼는지 설명하는 데 많은 노력을 기울였다.

김영석(연세대)·백영민(연세대)·김경모(연세대)
지음 | 4×6배판 | 356면 | 28,000원

사회과학 조사방법

연구방법론의 절차와 규칙을 공부하는 과정에서 추상적인 이론적 개념과 구체적인 실제 분석기법의 연관성을 용이하게 파악하도록 하는 데 주력한 책이다. 또한 사회과학 조사방법에서 쓰임새가 높은 실험연구, 서베이 연구, 내용분석 연구의 절차와 규칙에 대한 내용을 집중적으로 소개했다. 차근차근 읽어간다면 연구방법론의 이론과 실제라는 두 마리 토끼를 동시에 잡을 수 있을 것이다.

김영석(연세대)·김경모(연세대)·백영민(연세대) 지음
4×6배판 변형 | 240면 | 20,000원

커뮤니케이션학의 확장
경계에서 미디어 읽기

최근 국내외 커뮤니케이션학의 가장 커다란 화두는 '융합'이다. 학계 내로는 각종 미디어 간 융합에 대한 논의가 학계 외로도 다른 학문의 이론과 접근방법을 차용하는 확장이 계속된다. 이러한 대안적 연구들은 기존 커뮤니케이션학의 생태계를 더 역동적으로 만들 수 있을 것이다. 이 책은 아직은 생소한 13개의 대안적 연구주제를 선정, 소개하였다.

한국언론학회 기획 | 김미경(청운대) · 김병선(계명대) 외 지음 | 신국판 | 556면 | 28,000원

인터넷 생태계에 대한 9가지 질문

인터넷의 영향이 확대되고 관련 산업이 성장하면서 특히 인터넷 산업의 현재와 미래를 조망하는 것이 꼭 필요함에도 불구하고 이를 다학제 간 관점에서 집중적으로 분석한 시도는 거의 없었다. 이 책은 다양한 학문 분야에 속한 10명의 학자들이 우리나라 인터넷 생태계를 1년 동안 함께 고민한 결과로 인터넷 생태계와 관련된 몇 가지 중요한 질문에 대해 체계적 답변을 제공한다.

김성철(고려대) 외 지음 | 신국판 | 242면 | 14,000원

브랜디드 콘텐츠
광고 다음의 광고

기술의 진보로 광고의 패러다임이 바뀐다. 이제 소비자가 광고를 스스로 소비하는 시대가 왔다. 이런 시대의 광고는 어떤 모습이어야 하는가? 혹은 어떤 모습인가? 바로 더 개인적으로, 더 즐거운 방식으로 만나는 브랜디드 콘텐츠(branded contents)이다. 이 책은 새로운 시대의 새로운 광고를 고민하는 전공자와 실무자를 위한 이론적이고 실무적인 시사점을 모두 담았다.

김운한(선문대) 지음 | 크라운판 변형 | 412면 | 28,000원